对外汉语教学理论与实践研究

王 旭 著

延边大学出版社

图书在版编目（CIP）数据

对外汉语教学理论与实践研究 / 王旭著. -- 延吉：延边大学出版社, 2023.6
ISBN 978-7-230-05126-2

Ⅰ.①对… Ⅱ.①王… Ⅲ.①汉语－对外汉语教学－教学理论 Ⅳ.①H195.1

中国国家版本馆 CIP 数据核字(2023)第 108601 号

对外汉语教学理论与实践研究

著　　者：王　旭
责任编辑：乔双莹
封面设计：文合文化
出版发行：延边大学出版社
社　　址：吉林省延吉市公园路 977 号　　　邮　　编：133002
网　　址：http://www.ydcbs.com　　　E-mail：ydcbs@ydcbs.com
电　　话：0433-2732435　　　传　　真：0433-2732434
印　　刷：天津市天玺印务有限公司
开　　本：710×1000　1/16
印　　张：12.5
字　　数：200 千字
版　　次：2023 年 6 月第 1 版
印　　次：2024 年 6 月第 2 次印刷
书　　号：ISBN 978-7-230-05126-2

定价：58.00 元

前　言

　　作为世界上最为古老的语言之一，汉语被当作第二语言进行教学有着悠久的历史。早在两千多年前的汉代就有一些国家派遣留学人员来我国学习汉语和文化。唐代是我国古代接受外国留学生最多的时期，其后的宋、元、明、清各代都有来自我国周边国家的留学生前来学习汉语和中国文化。但是，对外汉语教学作为一门学科和一种事业真正得到发展则是20世纪50年代以后的事，而对外汉语教学作为一门学科被世人认可，更是在20世纪80年代以后。

　　自改革开放以来，特别是进入21世纪之后，我国发生了翻天覆地的变化，经济迅猛发展，综合国力不断增强，国际地位显著提高，我国在国际舞台绽放出了前所未有的光彩。在这样的背景下，从世界各地来华访问和旅游的人越来越多，同时也有越来越多的中国人出国留学、旅游、从事商务活动等，汉语的国际地位也由此得到了极大提升，学习汉语的外国人数持续增长。为此，我国不少高校专门开设了对外汉语专业，以满足国外对高层次汉语人才的需求。

　　无论是作为学科的对外汉语教学，还是作为教学活动的对外汉语教学，都必须把理论和实践结合起来。基于此，本书以对外汉语教学理论与实践为研究主题，展开深入探讨。

　　本书共七章：第一章介绍了对外汉语教学的基础知识，包括对外汉语教学的对象、目标、任务、性质、特点、原则和方法等；第二章论述了对外汉语教学的理论基础，包括语言学习理论、语言教学理论和跨文化交际理论；第三章分析了对外汉语语言要素教学；第四章探讨了对外汉语语言技能教学；第五章讨论了文化视域下的对外汉语教学；第六章论述了基于现代教育技术的对外汉语教学，探讨了翻转课堂、微课、慕课在对外汉语教学中的应用；第七章围绕对外汉语教师的素质培养展开论述。

笔者在撰写本书的过程中，参考了大量的文献资料，在此对相关文献资料的作者表示由衷的感谢。此外，由于笔者的时间和精力有限，书中难免会存在不足之处，敬请广大读者予以批评、指正。

王旭

2023 年 4 月

目 录

第一章 对外汉语教学概述 ………………………………………… 1

第一节 对外汉语教学的对象、目标和任务 ………………………… 1
第二节 对外汉语教学的性质和特点 ………………………………… 8
第三节 对外汉语教学的原则和方法 ………………………………… 12

第二章 对外汉语教学的理论基础 ………………………………… 36

第一节 语言学习理论 ………………………………………………… 36
第二节 语言教学理论 ………………………………………………… 50
第三节 跨文化交际理论 ……………………………………………… 52

第三章 对外汉语语言要素教学 …………………………………… 59

第一节 对外汉语语音教学 …………………………………………… 59
第二节 对外汉语词汇教学 …………………………………………… 71
第三节 对外汉语语法教学 …………………………………………… 78

第四章 对外汉语语言技能教学 …………………………………… 84

第一节 汉语听力教学 ………………………………………………… 84
第二节 汉语口语教学 ………………………………………………… 94
第三节 汉语阅读教学 ………………………………………………… 106

第四节 汉语写作教学……………………………………………… 121

第五章 文化视域下的对外汉语教学……………………………… 131

第一节 文化视域下的对外汉语教学的意义……………………… 131
第二节 文化视域下的对外汉语教学目的………………………… 136
第三节 文化视域下的对外汉语教学内容………………………… 141
第四节 文化视域下的对外汉语教学实施………………………… 146
第五节 文化视域下的对外汉语教学案例………………………… 151

第六章 基于现代教育技术的对外汉语教学……………………… 157

第一节 翻转课堂在对外汉语教学中的应用……………………… 157
第二节 微课在对外汉语教学中的应用…………………………… 164
第三节 慕课在对外汉语教学中的应用…………………………… 170

第七章 对外汉语教师的素质培养………………………………… 180

第一节 对外汉语教师的智能储备………………………………… 180
第二节 对外汉语教师的基本素养………………………………… 185
第三节 对外汉语教师的角色意识………………………………… 189

参考文献……………………………………………………………… 193

第一章　对外汉语教学概述

第一节　对外汉语教学的对象、目标和任务

一、对外汉语教学的对象

对外汉语教学的对象是母语为非汉语的外国人，且主要是外国成年人或接近于成年人，他们已具有一定的知识和能力背景，即具有母语的语言系统；人类对客观世界、客观事物共性认识的基础；逻辑思维能力，较系统的知识结构；分析问题、解决问题的能力；等等。

二、对外汉语教学的目标

对外汉语教学的目标包括学科总目标、课程目标、单元目标和课时目标等。

（一）学科总目标

对外汉语教学的学科总目标是指对外汉语教学过程所要达到的最终结果。一般来说，它只从整体上对教学内容、过程及其质量标准做出宏观的规定。对外汉语教学作为一门学科，它的总目标是培养学生用汉语进行交际的能力。对

于对外汉语教师来说，无论承担哪一阶段的教学任务，教哪一门课程，都要明确自己的最终目标。一般来说，学科总目标应由国家教育主管部门组织有关专家来制定。

（二）课程目标

总目标需要通过具体的课程来完成，每门课程又有自己的具体目标。例如，基础阶段的综合课、听力课、阅读课的课程目标是不一样的，因此教师还要明确各门课程的目标。一般来说，课程目标由国家和各级学校的课程专家来制定。

（三）单元目标

学期目标确定后就要考虑这学期的教学内容是由几个单元构成的，然后设计单元目标。在对外汉语教学领域，有的课程没有明确意义上的单元内容，尤其是基础阶段，但是可以把具有同类意义或功能的内容划为一个单元。在这里，单元可以是语音单元、句型单元、短文单元，也可以在这三个单元中再继续划分，如句型单元中再划分成"是……的"句单元、"被"字句单元、"把"字句单元等。单元目标一般由系主任、教研室主任和学科优秀教师来制定。

（四）课时目标

课时目标是单元目标的落实和具体化，它一般只规定一堂课应达到的结果，因此它应该具有内容的具体性、目标的可操作性、目标实现的及时性及目标设计的灵活性等特点。任何课时目标的确定，教师都必须从整体着眼，从整个教学目标出发，在逐渐明确各级教学目标的基础上把握设计课时目标，使教学目标之间相互衔接。课时目标一般由任课教师来制定。

对外汉语各个层级的教学目标之间，一方面是一种包含关系，即一个上一层级的教学目标包含若干个下一层级的教学目标；另一方面又是一种递进关系，即可以通过实现若干个低层级教学目标实现一个更高层级的教学目标。经过课时目标到单元目标再到课程目标等的层层推进，最终实现对外汉语教学的总目标。

教学目的或教学总目标是教学领域里为实现教育目的而提出的一种概括性的总体要求，它所把握的是各科教学的发展趋势和总方向。但是，教学总目标毕竟只是对教学活动的一种原则性规定。对于复杂的教学活动来说，只有一个原则性的规定是不够的，要使总的要求体现在整个教学活动体系的各个部分中，就必须对实际的教学活动水平做出具体的规定，以便层层贯彻和检验。

三、对外汉语教学的任务

对外汉语教学有不同的含义，不同的含义有不同的任务。

（一）作为教学活动的对外汉语教学的任务

作为教学活动的对外汉语教学是指针对外国人把汉语作为第二语言教学的过程，这一过程包括总体设计、教材编写、课堂教学、语言测试四个部分，这一过程的基本任务是让一个从未学过汉语的外国学生在最短的时间内能最快、最好地掌握汉语。完成这一基本任务的主体是从事对外汉语教学的各个层次的一线教师。所谓让外国学生掌握汉语是指通过对外汉语教学活动，外国学生能运用汉语进行不同层次的交流，具备不同领域、不同层次的汉语听、说、读、写能力。要完成这些任务，除了尽可能地调动学生学习的主动性和积极性，承担教学任务的教师必须具备相当的理论知识和实际教学能力，要对汉语语言学、教育学、心理学、教学法、教育技术、中外文化等学科有比较充分的了解，尤其要把汉语语言学知识转化为实际的对外汉语教学能力。对外汉语教学作为一门学科发展的时间尚短，因而其教学活动的方方面面，如各种教学大纲的制定、教材的编写、语言测试的研制等，都要加强研究和建设。

（二）作为学科的对外汉语教学的任务

作为一门学科，对外汉语教学的主要任务是研究针对外国人把汉语作为第二语言教学的内容、原理、过程和方法，并以此指导教学实践。作为学科的对外汉语教学的任务包括对外汉语教学研究和对外汉语学科建设两个层面。

1.对外汉语教学研究

针对对外汉语教学的性质和教学过程特点，对外汉语教学研究应该包括"教什么""如何学""怎样教"等方面，具体说来有以下几点。

（1）研究作为第二语言的汉语本体规律

目前在对外汉语教学研究中，最迫切的课题是研究"教什么"的问题。要教会外国人用好汉语，首先要把教学内容研究透，要研究好汉语作为第二语言本身的特点、规律和用法。由于现代汉语研究的时间比较短，加上过去的研究没有或很少考虑到汉语作为第二语言的特点，因此对汉语本身的特点、规律和用法还没有研究透，目前已经总结出的各种规律也未必适合对外汉语教学实际。这就意味着现代汉语研究，尤其是语法和词汇研究面临着对外汉语教学的挑战。教师如果对现代汉语本身的特点、规律和用法认识不清，就不能教好汉语，也不可能让外国人学好、用好现代汉语。

作为第二语言的汉语本体研究要研究和修订对外汉语教学用的汉字大纲、词汇大纲和语法大纲，研究对外汉语教学所需的汉字结构特点与汉字学习的规律，研究外国人学习汉语时的语音难点和重点，研究并比较对外汉语教学的词汇，研究对外汉语教学参考语法，研究对外汉语教学中学生必须掌握的汉语口语、书面语特点，交际能力和汉语语言类型等。另外，还要进一步研究教学内容的顺序和量级，即应在什么时间、以何种顺序向外国人教授现代汉语的听、说、读、写技能。所以，给现代汉语的文字、词汇、语法、语音分出不同的等级和顺序，制定出各种字表、词表、成语表、语法要点表等，也是对外汉语教学研究的重要内容。

（2）研究对外汉语教学活动的主体

教学活动的主体包括教和学双方。研究教的一方即教师，应主要全面了解他们应该具备哪些基本素质，如何培养优秀的对外汉语教师。

关于教学活动主体的研究，最主要的是研究学习者的特点，教学活动应该以学习者为中心。对外汉语教学中的学习者往往来自不同的国家和民族，年龄和文化程度参差不齐，学习目的和学习时间以及原有的汉语水平各有差异，因而对外汉语教学研究应该把分析教学对象作为重要的研究课题，这涉及学习者的国别、民族、母语、文化背景等对汉语学习的影响，涉及年龄、文化程度、职业、学习目的、学习时间对学习动力、态度、积极性的影响。学习者自身的差异，不仅影响学习者的汉语学习，而且对教师的教学原则、教学方法、教学重点等都有直接的影响。

（3）研究汉语作为第二语言的习得和认知规律

现代的语言教学已经从重视"怎样教"转变为重视"如何学"，已经把语言教学中"学"的一方看作语言教学的主体。同时，语言教学研究者重视对学习理论与学习规律的研究，即重视对语言习得与认知过程和认知规律的研究。就对外汉语教学来说，要研究外国学生对现代汉语各要素的习得顺序和习得过程，要研究外国学生对现代汉语听、说、读、写中各有关要素的认知加工过程和认知规律等。目前，受到对外汉语学界重视的研究课题，如汉语与外语对比分析、外国人学习汉语的错误分析和中介语系统的研究，都是汉语作为第二语言习得和认知研究的重要课题。尤其是随着学习汉语的外国人的国别数的增加，汉语作为留学生学习的目的语跟多种不同母语的比较，应该成为今后对外汉语教学研究的一个重要方面，过去汉外对比集中在汉英、汉俄等少数语言的比较上，今后比较的对象要增加，比较的目的要明确，比较的面要扩大，比较的程度要加深，比较的结果要有利于汉语学习。

（4）研究对外汉语教学的学科内部理论和方法

作为一门学科，对外汉语教学首先必须研究本学科内部的理论和方法，即研究"怎样教"的问题，用以指导对外汉语教学实践。对外汉语教学理论和方法研究的核心课题包括当代语言教学理论和教学方法如何跟汉语作为第二语言的教学实际相结合问题的研究，对外汉语教学理论和方法的新探索，对外汉语教学总体设计与教学模式的改革与探索，不同层次、不同类型的对外汉语教学大纲、课程体系、教材体系的研究，课堂教学质量与教学效率的提高与评估研究，汉语水平考试的研究，现代教育技术手段研究，各种类型的语料库研究，等等。

（5）研究与对外汉语教学相关的基础理论

由于对外汉语教学从一定意义上来说是一门综合性、边缘性学科，语言学、教育学、心理学、教育技术学等，构成了对外汉语教学的学科基础理论，因而对外汉语教学还应当充分研究与本学科相关的各种基础理论，并将相关学科的理论应用于对外汉语教学研究，同时以自身的学科建设为相关学科的发展作出应有的贡献。不仅如此，研究对外汉语教学的基础理论，还必须思考各种基础理论与对外汉语教学的关系，思考各基础理论在对外汉语教学学科中的地位，思考各种基础理论之间的相互关系和协调性。

2.对外汉语学科建设

对外汉语学科建设的科学、合理、完善、有前瞻性，是保证该学科持续、良性、快速发展的关键。对外汉语学科建设包括学科性质确立、学科地位确认、学科结构体系构建、学科研究、学科人才培养、学科规划等多个方面。学科性质的确立、学科地位的确认是保证学科发展方向的关键，学科结构体系构建和学科研究是学科能健康深入发展的保证，学科人才培养和学科规划是保证学科持续、良性、快速发展的基础。由于对外汉语教学作为一门学科产生的时间并不长，因而学科建设还在起步阶段，相关问题的研究和讨论才开始不久，对相关问题的认识还有很大分歧。例如，不同的学者对学科定位就有不同看法，多数学者认为对外汉语教学属于语言学及应用语言学，但也有一部分学者认为其属于教育学之下的课程与教学论，两种不同观点就可能决定对外汉语教学学科发展走不同的方向，也涉及对外汉语教学人才培养的课程重点是以语言学及应用语言学课程为主体，还是以课程与教学论课程为主体。再如，学术界对对外汉语语言学本体研究在学科结构体系中的地位和分量有不同认识，有所谓"主体派"和"教学派"之争。另外，学术界对对外汉语教学学科人才培养模式以及对外汉语本科、对外汉语教学方向研究生课程体系的调查和研究还很不充分。以上这些，都直接影响对外汉语教学学科的进一步发展。当前，对外汉语教学界要加强学科建设，增强学科意识，积极开展学科研究，把对外汉语教学真正建设成为一门体系完善、内涵丰富、特色明显的独立学科。

（三）作为事业的对外汉语教学的任务

对外汉语教学不仅是为了教授外国人掌握好、运用好汉语，而且肩负着传播中国文化、展现中国社会、增进中外友谊和文化交流、培养热爱中国文化的国际友人的重任。因此，对外汉语教学被誉为是国家、民族的事业。作为一项国家、民族的事业，对外汉语教学的建设和发展就有了更多、更重的任务。目前，作为一项事业的对外汉语教学应该把以下工作作为主要任务：

（1）采取各种可能的举措，加快汉语的国际化趋势，使世界范围内的汉语学习热能更进一步地升温，使越来越多的外国人通过汉语学习进一步了解和热爱中国；通过多种有效途径宣传国内的对外汉语教学事业，吸引更多的留学生来中国学习汉语，扩大留学生招生规模。

（2）大力培养各种层次的专职对外汉语教师，提高对外汉语教师的专业水平，提升对外汉语教师的科研水平；不仅如此，还要培养出一批兼职对外汉语教师，为对外汉语教学事业的发展储备更多的人才和教学人员。

（3）增加对外汉语教学研究的科研投入，鼓励更多的科研力量投入对外汉语教学研究队伍，出更多、更高质量的研究成果，提升对外汉语教学学科的学术含量。

（4）大力研究和宣传、推广汉语水平考试，不断开发出多种专门用途的汉语水平考试类型，使汉语水平考试成为世界上最权威、最实用的汉语考试。

（5）研究对外汉语教学跟国际政治、经济、文化发展与变化的关系，及时调整或改革对外汉语教学的发展战略和策略，以应对不同的国际政治环境对对外汉语教学事业所产生的影响。

第二节　对外汉语教学的性质和特点

一、对外汉语教学的性质

（一）对外汉语教学是语言教学

教授语言即汉语是语言教学（包括对外汉语教学）最根本的任务，而让学习者掌握汉语这一交际工具则是语言教学的主要目的。语言教学所教授的是语言运用的技能，即让学习者掌握语言这一交际工具，培养他们运用语言进行交际的能力，而不是语言学的知识和理论。但是，这并不意味着在进行语言教学时不必涉及语言知识和语言规律,而是所涉及的语言知识和语言规律的教学要有利于学习者语言运用能力的提升。因此,对外汉语教学是语言教学。

对于对外汉语教学的这一性质,很多对外汉语教师并没有深入理解,从而导致其在具体开展对外汉语教学时,运用高校中文系讲授语言学的方法对汉语的语法知识、词汇知识等进行讲授。由于这种方式与语言学习的规律是相违背的,因而往往成效甚微。为改变这一情况,对外汉语教师必须深入理解对外汉语教学作为语言教学的性质,并注意在教学内容、教学方法等方面与语言学教学加以区别。

(二)对外汉语教学是第二语言教学

对外汉语教学的这一性质,有效地区分了对外汉语教学与以汉语作为母语的语文教学之间的差异。

一般来说,母语教学在开展时,学习者已经初步或基本掌握了汉语的一些基本技能,并能熟练地运用所掌握的汉语知识进行母语交际。也就是说,母语教学需要在学习者具备一定汉语知识和技能的基础上进行,且重点是不断提升学习者运用母语的能力,不断提高学习者的道德品行、文学修养等。

与母语教学不同,对外汉语教学的对象基本没有任何的汉语知识,既不能对汉语进行听、说、读、写,也缺乏与汉语相关的社会、文化背景知识,甚至从未接触过汉语。他们要学习汉语,需要从基础的发音、说话学起。针对这一情况,在进行对外汉语教学时,必须充分考虑到学习者的特点,并以此为依据制定有针对性的教学方法、原则等。从这一角度来看,对外汉语教学是不同于第一语言教学的第二语言教学。

(三)对外汉语教学是汉语作为第二语言的教学

对于对外汉语教学来说,最主要的教学内容便是汉语知识。因此,在进行对外汉语教学时，既会受到第二语言教学普遍规律的制约，又会受到汉语自身规律以及中国文化的制约。这就决定了对外汉语教学是不同于英语、法语、俄语、日语等作为第二语言的教学。事实上，汉语与其他语言特别是西方语言相比，在语音、语法、词汇、文字等方面都呈现出鲜明的特色。

（四）对外汉语教学是针对外国人的第二语言教学

外国人是对外汉语教学最主要的教学对象，从这一角度来说，对外汉语教学就是针对外国人的第二语言教学。

对外汉语教学的这一性质，使得它明显不同于以汉语作为第二语言的国内少数民族汉语教学。具体来说，我国国内少数民族学生是在中华文化的影响下成长起来的，因而在对汉语进行学习和使用时不会面临太大的民族文化差异。而外国学生的母语文化通常与中国文化的差异是比较大的，因而其在学习、使用汉语的过程中很容易遇到一些问题。针对这种情况，在开展对外汉语教学时要想取得成效，必须切实把握外国学生的文化特点。

二、对外汉语教学的特点

（一）独立性

对外汉语教学的独立性特点，主要指的是对外汉语教学是一门独立的学科。对外汉语教学从20世纪80年代，特别是从1992年以来，逐渐进入蓬勃发展时期，已逐渐作为应用语言学的一个分支成为一门独立的学科。

（二）完备性

在当前，对外汉语教学已经在相关学科理论的影响下形成了较为完整的学科理论体系。具体而言,对外汉语教学的学科理论是由两部分内容构成的:一是对外汉语教学的学科理论基础,即哲学、心理学、语言学等;二是对外汉语教学理论。随着对外汉语教学实践的不断深入,对外汉语教学的学科理论体系也将不断丰富与完善。

(三) 丰富性

随着对外汉语教学学科的日益成熟,对外汉语教学的科研队伍也不断壮大,且科研人员的素质有了很大提高。在其影响下,对外汉语教学的研究成果越来越丰富。

(四) 应用性

对外汉语教学的应用性特点,主要指的是对外汉语教学是一门应用学科。所谓应用学科,就是注重与实践进行紧密联系、对实践中遇到的问题进行直接解决的学科。应用学科并非没有自身的基础理论研究领域和理论体系,而是要将基础理论研究和理论体系运用到实践中,即注重应用。

对外汉语教学既是一门学科,也是一种语言教学活动。也就是说,对外汉语教学注重将理论与实践进行有机融合,并大力推进在理论指导下的有效实践。实际上,只有将理论与实践有机融合在一起的对外汉语教学,才能更有效地进行,并取得切实有效的成果。同时,对外汉语教学实践有助于对外汉语教学理论的丰富与完善。

对外汉语教学的应用性特点,要求教师在开展对外汉语教学活动时,必须将理论与实践进行有效融合。但事实上,不少对外汉语教师存在着重实践、轻理论或是重理论、轻实践的倾向。但是,如果只有实践,没有理论指导,对外汉语教学实践就可能是盲目、随意、不科学的;如果只有理论,没有教学实践的验证,就无法确定这一理论是否是完善且切合实际的。

(五) 综合性

对外汉语教学的理论基础、教学内容、教学方法、教学原则等是对多门学科进行综合的结果。也就是说，对外汉语教学具有鲜明的综合性特点。

对外汉语教学是由教和学这两个过程有机构成的，而在这一过程的运转中，必然会涉及多方面的内容，如汉语的本体、教学方法与手段、现代教育技术等，并涉及多门学科，如教育学、心理学、语言学等。这也表明，对外汉语教学具有综合性特点，是一门综合性的学科。

由于对外汉语教学是一门综合性学科，因而其研究和实践人员都必须具有多方面的理论知识和较高的综合素质。

第三节 对外汉语教学的原则和方法

一、对外汉语教学的原则

（一）以学生为中心的原则

对外汉语教学工作和教学活动中存在着大大小小、各种各样的关系，其中居于核心地位影响全局的是教师和学生的关系。在师生关系的重心取向上，传统的教学观念是以教师为中心，注重教师的教，以学生为客体，只注重灌输而不太重视学生的学。目前，国内比较流行的提法是"以学生为中心，以教师为主导"或"以教师为主导，以学生为主体"，这些都是合理的。以学生为中心的核心含义应当是：整个教学工作应立足学生、满足学生、适合学生的需要，全部教学活动应调动学生、依托学生、有利于学生的发展。

从教学过程上看，学生是真正的主体，是教学实践和认识活动有目的的承担者；教材或教学内容是客体，是教学实践活动和认识活动的对象，是主体实现目的的必要条件和手段；教师实际上是作为助体而存在的，是主体实现目的过程中必要的设计者、引导者、答疑解惑者。简而言之，教师的作用就是辅助主体（学生）更好地实现教学活动所要达到的目的。

从"教"和"学"的关系上看，学校为学生而设，教师因学生而存在，"教"是为"学"服务的，"教"所追求的目标和结果必然由学体现出来。"学"是学生独立自主的活动，教师包办代替不了。

从内外因原理来看，学生是内因，教师和其他条件都是外因，没有主体的能动活动，再好的外因也起不了作用。

从教学原则体系上看，确立以学生为中心的原则，才能真正实现因材施教、循序渐进、精讲多练等，才能真正建立起平等的人际关系和民主化的课堂，也才更有利于语言学习规律和习得理论的研究。

以学生为中心的基本要求包括以下几个方面：

（1）认识学生、了解学生。了解他们的性格、动机、心理特征，了解他们的认知策略和认知规律，等等。因为教什么取决于学生学什么，怎么教取决于学生怎么学，所以必须先充分认识和了解学生。

（2）在教学目标的设定、教学大纲的编制、教材的编写等工作中都要站在学生的立场上，最大限度地考虑学生的需求、愿望和能力等因素。

（3）教材的选择和使用、教学方式方法的确定、教学活动的组织安排等应跟学生一起协商，即让学生参与决策，并使决策最终得到学生的理解和认可。

（4）在课堂教学中，教学环节的确定、讲练内容的编排以及教学中的一举一动、一言一行等都应着眼于学生的需要和接受的可能性，并通过学生广泛、深入的参与来完成教学任务。在整个教学活动的进行中还应察言观色，并据此作出相应的调整。

（5）要有建立民主课堂的意识，为此课下要多听取学生的意见，接受他们合理的主张（对那些不合理或不可行的意见，要作出合理的解释），课上应公平民主、一视同仁，给所有的学生均等的机会，让所有的学生都得到发展。

（6）加强对学生个体的研究，研究和发展特殊目的汉语教学（如旅游汉语、工程汉语、媒体汉语、经贸汉语等）。

此外，就对外汉语教学的现状来看，确立以学生为中心的原则，应该避免走入的误区是：①以学生为中心不是"学生中心主义"，不是学生想干什么就干什么，想怎么干就怎么干，更不是跟着个别学生的感觉走，一句话，以学生为中心不是放任自流，不是不加选择；②强调重视"学"并不意味着可以轻视"教"，更不意味着可以放弃"教"，而是强调"教"为"学"服务，强调"教"的方式方法应更适合"学"；③"教"的方式方法的改变不意味着"教"的作用和地位的下降。

（二）以交际能力的培养为重点的原则

针对以汉语交际能力的培养为重点的对外汉语教学原则，已有学者做了很好的论述，如吕必松、刘珣等。笔者认为，教学原则应具有针对性，要体现学科的性质和教学目的，上位教学原则的制定尤其如此。对外汉语教学属于第二语言教学，其根本目的是培养学习者的语言交际能力。这一点自20世纪70年代主张以培养交际能力为目的的功能法产生后，已得到国内外第二语言教学界的普遍认可。因此，交际能力的培养应该成为对外汉语教学的起点、过程和归宿。毫无疑问，作为对外汉语教学的上位教学原则理应体现这一基本要求。把全部教学工作和教学活动的重点定位在培养学习者的语言交际能力上，就是为了保证教学目的在教学实践全过程中得到充分的体现。

（三）以结构、功能、文化相结合为框架的原则

20世纪50年代以来，对外汉语教学经历了由重视结构教学，到结构与功能结合，再到结构、功能、文化"三结合"的发展过程。"三结合"是对外汉语教学自身实践经验的概括和总结，反映了对对外汉语教学规律的认识。同时它又具有很强的理论基础，包括语言学理论、社会语言学理论和跨文化交际理论。"三结合"尤其体现了对外汉语教学跨文化教学的性质，这一性质决定了揭示语言教学中的文化，特别是交际文化因素的必要性。"三结合"作为对外汉语教学的一条总原则，不仅反映了学科发展的现状，同时也昭示了对外汉语教学在可预见的未来中的走势。刘珣对"三结合"的原则作了精当的阐述，指出这三方面概括了教学的主要内容，又体现了教学路子。在"三结合"中，结构是基础，功能是目的，文化教学要为语言教学服务。结构、功能、文化的结合应贯穿语言教学的始终。但是，目前对汉语教学中的功能和文化的研究还比较薄弱，因此"三结合"还只是一种原则框架，有待于在教学实践中进一步完善和检验。

二、对外汉语教学的方法

（一）语法翻译法

语法翻译法是以语法为基础，用母语来教授外语的一种方法。语法翻译法作为一种古典的翻译教学法，在19世纪得到了理论上的阐述。语法翻译法的代表人物德国语言学家海因里希·奥伦多夫（Heinrich Ollendorff）认为，理解和掌握语法规则是阅读和翻译外语原文的基础。因而，在教学上他主张运用背诵语法规则、做翻译练习的方法来掌握外语。

语法是外语教学的基础，语法翻译法的教学过程都围绕这个基础来进行，

从而形成了该教学法的一系列特点。

第一，以语法教学为中心，强调系统语法的学习，教学着重词法和句法的讲解。以演绎的方式讲授语法规则，即先展示规则，再以例句来印证。以翻译的方法巩固语法规则的学习，主要表现为将教学中展示的例句翻译成母语，用翻译母语句子的练习让学习者巩固所学的规则。作业也围绕语法进行，如作文不是以训练表达为目的，而是为了让学习者熟悉语法规则等。

第二，语言材料的内容以能突出某种语法形式为准则。由于追求语法上的规范性，在语言材料的选编上就要尽可能地适应语法规则的要求。不管材料内容多么枯燥乏味，多么艰涩难懂，只要能承载某种语法形式就可入选为课文。

第三，运用学习者母语进行课堂教学。课文内容的介绍、语法的讲解、课堂活动的组织等都利用学习者的母语来进行。特别是课文的教学，主要以逐句翻译或互译的方式来进行。

第四，以阅读和书面翻译为主。教学重在进行书面的读和译，对语音练习和口头表达，尤其是听力和会话不做任何要求。

（二）直接法

直接法是以目的语为教学语言进行第二语言教学的方法。《韦氏英语大词典》有这样的解释：直接法是教授外语是现代外语教学的一种方法，它通过外语本身进行的会话、交谈和阅读来教外语，而不用学习者的母语，不用翻译，也不用形式语法（第一批词是通过指示实物、画图或演示动作等办法来讲授）。

1.直接法的基本原则

直接法的基本原则源于幼儿学习母语的自然法则，具体来说，包括以下几点：

（1）直接联系原则

像幼儿学话那样，学习者应该把学习的词语同外部世界的具体事物直接挂钩，建立语言与外界事物的直接联系。直接学习外语，而不用母语做中介经过翻译间接地学习外语，有利于用外语思维而不经过"心译"直接进行口头交际。

（2）以口语为基础的原则

像幼儿学习语言都从学说话开始那样，学习者应该把重点放在口语上。先学口语，后学文字，这是学习语言的自然途径。它有利于学习者对目的语听说能力的掌握，也有利于其今后读写能力的提高。

（3）以模仿为主的原则

像幼儿从模仿开始习得语言一样，学习者应该把模仿、多练置于首位，以各种模仿的方式重复练习，形成习惯，这有利于口语能力的培养和提高。

（4）句本位原则

像幼儿整句学话一样，学习者应该以句子为单位，进行学习和运用。通过整句学习，将单词和语法自然融入其中，这有利于学习者用"类比""替换"的方式造出新句，并能脱口而出，进行交际。

（5）归纳途径学语法原则

像幼儿先学会说话后领会语法一样，学习者应该先掌握语言材料，从感性材料中归纳语法规则，用以指导以后的学习，反对死记语法规则，这有利于学习者对语法结构的真正掌握。

（6）以当代通用语言为教材的原则

像幼儿学习的都是当代通用口语一样，学习者应该以当代通用的语言为基本材料。教材的词语和句式应经过筛选，让学习者集中注意力学习并掌握最常用的现代语言。

2.直接法的教学方法及过程

直接法的具体教学方法表现为：用演示代替翻译，通过做动作使学习者理解所学词语和句子；用问答法代替以往"注入式"的翻译法，推动学习者进行思考；所教单词尽可能组成句子出现，因为带有一定情境的内容便于学习者记忆；对学习者的错误进行正面纠正，而不重复错句，避免错误内容的反复刺激造成负面影响。

比较典型的直接法的教学过程是：教师做动作，用动作配上目的语词语和句子展示教学内容→教师反复领读词语和句子并正音→操练（教师说，学习者做动作；或者学习者说，学习者做动作）→看课本认读文字，将语音和文字结合起来→抄写句子（找出主要动词等）。

（三）听说法

听说法是"把听说放在首位，主张先用耳听，后用口说，经过反复口头操练，最终能自动化地运用所学语言材料"的一种外语教学方法。教学法专家和语言教师根据不同的研究角度又将听说法称为口语法、结构法、语言学法、句型法、耳口法等。

1.听说法的基本原则

（1）听说领先

结构主义语言学家认为，人们的交际活动主要依赖口语进行，因为口语有着书面语所没有的节奏、重音等便于对方理解的语言手段。根据这个观点，他们主张外语学习应把有声语言学习放在首位，学会听说，由听说带动读写。听说领先的具体做法是：课堂教学按先听说、后读写的顺序进行；入门阶段必须先有一段时期的听说专门训练，然后再接触书面文字。这样，学习者可以更有效地掌握语言技能。

（2）反复实践，形成习惯

结构主义语言学家认为语言是习惯的体系。这种习惯要依靠反复的刺激—反应过程培养。母语的习得是养成本民族的语言习惯，外语的学习是养成一种新的语言习惯。无论是母语习得,还是外语学习,都需要进行大量的、反复的实践练习。因而,外语教学要让学习者把大部分时间用在模仿、记忆、交谈等反复的实践练习上。伦纳德·布龙菲尔德(Leonard Bloomfield)的名言"学习语言就是实践,再实践,其他的方法是没有用处的",就是听说法实践原则的最好说明。

(3)以句型为中心

结构主义语言学家对语言进行描写,发现句型是语言的基本结构。由于句型这种从无数句子归纳出来的句子模式具有结构意义和词汇意义,放入情境之中还有一定的社会文化意义,因而外语教学应以句型为中心,一切教学活动,如课堂教学内容的安排、语言技能的训练等,都必须围绕句型这个中心在不同类型的语境中进行,通过反复操练句型来形成正确的类推。

(4)排斥或限制母语

结构主义语言学家认为各种语言在词义方面很少完全对应,因而不适合用母语翻译来讲解词义,主张用直观、情境、上下文和目的语等多种手段直接释义。而且,他们认为翻译要依靠母语对目的语进行语言形式和意义上的转换,而过多地依赖母语,会妨碍学习者在目的语和思维之间建立直接联系,不利于外语学习。因而听说法主张在外语教学中排斥或限制母语,要求教师尽量用目的语教学,也要求学习者直接用外语来思维和表达。

(5)对比语言结构,确定教学难点

初学外语的学习者在语音、词汇和语法等方面容易用母语的语言结构代替目的语的语言结构,妨碍目的语的掌握和应用。为此,结构主义语言学家提出外语学习要在对比分析母语和目的语的基础上找出两种语言结构的差异,而差异越大,困难越大,攻克这些难点,就能顺利地学习和掌握目的语。因此,听说法把难点教学作为一个重要原则,教材的编写、练习的安排、教学方式的选用都尽力贯彻这个原则,使外语教学具有针对性。

（6）及时纠正错误，培养正确的语言习惯

行为主义心理学认为，一切习惯的养成主要依靠反复的刺激和反应，好习惯是通过正确的而不是错误的刺激和反应形成的。根据这个原理，听说法要求教师对学习者进行正确的刺激，学习者对刺激作出正确的反应。语音、词汇、句型的教学，理解、模仿、表达的练习，都要力求正确，避免错误。一有错误，就要立即纠正，将出错的机会降低到最低，以促使学习者养成正确的语言习惯。

2.听说法的教学过程

听说法的教学过程体现了听说法的基本原理和教学原则。听说法专家从各个不同的角度出发，阐述听说法的教学过程。其中，较为著名的是美国布朗大学教授 W. F. 特瓦德尔（W. F. Twaddell）1958 年在日本讲学时提出的听说法学习过程的五个阶段：认识、模仿、重复、交换、选择。不过，一般运用得比较多的听说法教学基本过程为：口授语言材料→模仿记忆练习→句型练习→对话→读、写练习。

（1）口授语言材料

教师利用实物、图片、手势等展示语言材料（主要是句型）并进行口授，将语音所表示的语言信息同意义联系起来。

（2）模仿记忆练习

教师反复示范所教的语言材料，学习者进行准确的模仿，如果发现错误则及时纠正。学习者在模仿的基础上反复练习，不断重复，直到可以背诵，这是模仿和重复结合的模仿记忆练习。

（3）句型练习

句型练习是听说法最具有代表性的部分。句型练习形式多样，主要是为了使学习者能够活用所学的语言材料而做的变换句子结构的练习。这类练习主要有替换（用具有同等作用的词替换句中某成分）、转述（直接引语变为间接引语)、转换(肯定句变疑问句)、扩展(加修饰语扩展句子)、压缩(找出主干句)、合并(几个分句合成一个句子)等。

(4) 对话

对话可以进行问答、完成句子等练习,还可以为主要句型提供一定的语境以及使用该句型的文化背景。

(5) 读、写练习

读,主要进行朗读语言材料(课文)的训练,要求在理解的基础上正确流利地朗读;写,练习回答书面问题(在练习本上回答课文的问题),或读、写部分内容。

(四) 视听法

视听法是将视觉感受和听觉感受结合起来进行外语教学的方法。它是一种广泛采用电子设备进行视听教学,并要求学习者理解和听懂所教语言材料的完整结构的方法,因此又被称为视听整体结构法。

1. 视听法的基本原则

(1) 培养听、说、读、写言语习惯

在外语教学中,语言知识的传授是为了培养学习者听、说、读、写的言语能力,因而是一种手段而非目的。学习者对于四项技能的掌握才是外语教学的根本目的。听、说、读、写四项技能也是一种言语习惯,而言语习惯的形成要通过反复操练、不断模仿来实现,因而模仿和操练是最基本的训练方式。在听、说、读、写四项技能中,口语是教学的第一目标,因为语言首先体现在口语中,而且只有在口头交际时才是活的。口语也是读、写的基础,口语的训练也有利于读、写能力的提高。

(2) 语言和情境相结合

语言表达思想、进行交际都是在一定的情境中进行的。语言教学结合情境是真实地再现实际的交际活动。一方面，情境的出现可以使学习者形象、直接、完整地体会所学语言材料的意义、使用对象和场合等语境因素，教学者不必通过分析语法结构、讲解语法规则等方式就可将整体结构分解，让学习者在拼凑、组合中理解。另一方面，结合情境学习的语言材料，易于记忆。因为图像可使语言与意义紧密联系，录音有助于学习者整体感知语调、语气、节奏等声音因素，增强感染力，从而易于学习者掌握。语言表达时伴随的情境是丰富多样的，其中日常生活情境是对话教学的中心，因为这最贴近学习者的生活，是他们最迫切需要掌握的内容。

（3）避免以母语和文字为中介

视听法充分利用视听手段，在用外语进行释义和练习时，辅以图像等实物直观和动作、表情以及语调等语言直观，把外语教学变成语言（主要是声音）与意义或图像直接联系的交际过程，培养学习者通过外语的声音来直接理解和表达思想的能力。这既要避免学习者依赖以母语为中介，追求目的语和母语的对应关系，形成对语义的狭窄理解而导致表达上的错误；也要避免学习者以文字为中介，过分依赖文字符号而减弱对语调、节奏等语言表达的练习。以母语和文字为中介都不利于学习者语感和用目的语思维的能力的培养。

因为学习者（尤其是初级阶段的学习者）的学习时间及个人的认知能力有一定的限度，所以短期内输入大量的语言材料，会分散他们的精力，使他们疲于应付，从而忽视对语言材料中的基本内容的操练和掌握，影响语言能力的培养。要使学习者学习的词汇和语言结构得到充分的、经常性的使用，教学者就要对教学的常用词汇和语言结构进行选择，尽量挑选那些在日常生活中使用频率高、具有一定代表性的词汇和语言结构。

2.视听法的教学过程

视听法的教学过程包括语言材料的展示和感知、理解和记忆、练习和运用三个环节。教师可以通过幻灯片或教学电影配合同步录音在情境中展示语言材料，让学习者看图像、听录音，整体、立体地来感知语言材料，在看、听的同时理解和记忆语言材料中词语和句子的意义，并多次重复，在此基础上听懂和理解整个语言材料的内容。教师可以逐个讲解画面，也可以通过提问—回答的方式帮助学习者理解和记忆。在学习者熟悉了语言材料之后，教师可以让学习者做练习。练习可以由模仿向前推进一步，如问答、替换、用所给词语组织句子或描述画面等。再进一步可以要求学习者做创造性的练习，如离开画面也能自如表述，让学习者在教师提供的新的情境中完成所要求的交际目标。

（五）自觉对比法

自觉对比法是在同母语进行比较的基础上，掌握系统的语言知识，经过大量的反复练习，最终达到熟练目的的一种教学方法。它与直接法对立，是对语法翻译法的继承和发展。

1. 自觉对比法的基本原则

（1）用母语讲解外语

同直接法直接联系的原则相对立，自觉对比法认为用母语讲解外语，既有助于学习者更深刻地领会母语和认识自己的思维，也可以通过母语翻译最后达到非翻译的目的，逐步养成学习者用外语思维的习惯。

（2）实践要有理论指导

同直接法的归纳途径学语法和句本位原则相对立，自觉对比法主张外语教学必须理论（如语音、词汇、语法、修辞等知识或规则）先行，学习者按先语言要素后句子的顺序学习，在理论的指导下实践。这样有助于学习者理解句子的形式和意义，正确地应用所学的句子，提高实际掌握外语的成效。

（3）理解地模仿

同直接法以模仿为主的原则相对立，自觉对比法提倡理解地模仿：通过语法分析，使学习者理解所学外语语言材料的语言形式；通过母语的翻译和讲解，使学习者理解句子的意义。这种在理解基础上的模仿，比起机械模仿，自觉程度更高，成效更大，记忆也因有意识记忆而变得相当牢固。

（4）以文字为基础，四会并重

同直接法以口语为基础的原则相对立，自觉对比法主张先教文字，四会并举，反对听说领先。因为文字是有形的记录符号，形成书面材料后可以阅读、分析和复习，而口头言语出口即逝，受时间的限制，所以听、说、读、写四项技能的训练，要以文字为基础，调动视觉、听觉、触觉等诸多器官一起参与活动，只有这样外语水平才能全面地提高。

（5）用具有典范性的文学作品作为学习的材料

同直接法以当代通用语言为教材的原则相对立，自觉对比法主张学习目的语国家的文学原著，因为著名文学作品的语言经过作家的精心加工，具有典范性，是值得学习者学习和模仿的。

2.对自觉对比法的评价

自觉对比法的贡献和功绩在于：

（1）自觉对比法由古典的语法翻译法脱胎而来，但它引进了对比这个概念，形成了既翻译又对比的具有现代意义的新翻译法。因而自觉对比法把古典的语法翻译法称为直觉翻译法，而把自己称为自觉翻译法，提出学习外语的过程是从自觉到不自觉的理论。这些主张和理论都有积极意义。

（2）自觉对比法对外语教学的重大问题，诸如母语和外语的关系、理论和实践的关系等，都做了系统的研究，提高了外语教学法的科学性，在整个教学法史上有一定的地位。

自觉对比法的不足之处在于：

（1）自觉对比法夸大了外语课的政治作用，混淆了外语教学与政治问题、意识形态问题的界限。它把外语课视为母语课的一种补充和附属，于是外语课上用母语解释、分析、对比、翻译的时间占了80%，真正练习外语的时间只占

20%，致使学习者口语能力较低。

（2）自觉对比法把自己放在直接法的对立面，反其道而行之，又抓住早期直接法的一些缺陷，矫枉过正，结果使自己走向另一个极端——重视外语知识和理论而忽视其工具作用。

（六）认知法

认知法是按照认知规律，调动学习者的智力潜能，努力去发现和掌握语言规则，创造性地活用语言的一种外语教学法。因为人脑的认知活动是依靠符号来编码或解码的，所以认知法又叫认知-符号学习理论。

1. 认知法的基本原则

认知法探讨的是成年人在本国的环境中学习外语的过程及其规律，为使学习者达到实际而全面地运用外语的目的，教学应遵循以下原则：

（1）以学习者为中心，以自学为主

认知法认为学习外语固然有外因的作用，但学习主体的内因起着决定性作用。教师必须了解并把握学习者学习外语的心理活动，因势利导，激发学习者的兴趣，开发学习者的智力和潜能，这就要求教师讲究教学的策略和方法，最大限度地调动学习者的学习积极性。学习者是教学的中心，教师应以学习者的活动和实际的操练为主，并组织好学习者课外的自学，让学习者在大量的言语活动中掌握并运用外语。

（2）在理解规则的基础上进行有意义的学习和操练

认知法认为学习者在理解语法规则的基础上的操练，才是创造性的语言活动，而不是"刺激—反应"那种动物型的机械反复。因而教学可采用"发现法"，让学习者从已知到未知，发现其中的规则，并指导自己的语言活动，在一定的交际场景中操练语法规则。

认知法并不完全否定"刺激—反应"理论，认为认知学习理论适用于学习有规律可循的语法规则，而"刺激—反应"理论适用于学习不太有规律的语音和单词。

（3）听、说、读、写全面训练

认知法反对听说领先，主张听、说、读、写齐头并进。它认为成年人学习外语与幼儿习得母语是不一样的。幼儿认识文字，只能依靠听、说学话；成年人则可借助文字来学习外语，声音和文字相辅相成，更能奏效。而且从认知活动来看，调动多种感觉器官（耳听、口说、眼看、手写）综合运用，效果远胜于单纯地靠声音刺激听觉。因而，声音和文字结合，听、说、读、写全面训练，符合成年人学习外语的心理特点。

（4）利用母语

认知法认为成年人学习外语在许多方面是借助母语实现的，恰当地利用母语的知识，可使外语学习更见成效。认知法从艾弗拉姆·诺姆·乔姆斯基（Avram Noam Chomsky）的转换生成语言理论得到启示，认为：各种语言的语法有许多相似之处，学习者学习外语时必然会把母语的语法知识迁移到目的语中去，起到正面的促进作用；但母语与目的语在结构上毕竟也有不同的地方，学习者在学习时往往会用母语代替目的语，从而产生干扰作用。因而应进行母语和目的语的对比分析，使学习更有针对性。

（5）对错误进行有分析的指导

在对待学习者的语言错误上，认知法改变了语法翻译法一味归咎于学习者没掌握语言知识和语法规则的武断做法，也改变了听说法有错必纠的简单做法，而是有分析地进行指导：是语言运用不当，还是临时的疏忽失误；是外语内部相互干扰，还是母语对外语的影响；等等。对前者要加以纠正，对后者可加以指点，消除学习者对纠错的紧张感，让其轻轻松松地学好外语。

（6）运用现代化手段，营造教学情境

认知法同其他现代外语教学法流派一样，也十分重视直观教具和现代化教学手段在外语教学中的作用。它认为在缺乏语言环境的情况下，使用电教手段可以创设外语环境，为学习者提供在各种情境中使用外语的机会，因而是提高外语教学质量不可缺少的条件。

2.认知法的教学过程

认知法认为成年人学习外语在环境、母语的基础、意识性和自觉性等方面有很大的不同，因而对成年人来说，学习外语的过程可分为语言理解、语言能力培养、语言运用三个阶段。

(1) 语言理解阶段

语言理解是学习者进行听、说、读、写操练的基础。认知法的这种理解是在课堂内对教科书所提供的语言材料按照一定的教学方法有组织地进行的。它要求教师通过简明扼要的讲解，指导学习者自己去发现语言规则，从而理解语言规则的意义、构成和用法。具体做法是先复习旧知识，以旧知引出新知；然后在操练中发现并理解新知的内涵。这样就能为后面的"语言能力培养"和"语言运用"教学阶段的进行创造条件。

(2) 语言能力培养阶段

学习外语，理解语言知识、规则固然很重要，更为关键的是必须具有正确使用语言的能力。语言能力是通过有意识、有组织的练习获得的。

这个阶段的练习有：

第一，识别性练习。如通过卡片识别字母，辨别字母在词中的读音，辨别教师读句子的语调，给句子标出正确的译法等，以便让教师检查，了解学习者对语言知识理解的情况。

第二，动作反应练习。教师说句子，学习者根据意思表演动作。

第三，挑选图片练习。教师出示几张图片并说明其中一张图片的意思，学习者挑选与意思相符的图片。

第四，定义练习。教师说出某个词的定义，学习者从几个词中指出与定义相吻合的词。

第五，选择练习。教师出示某个问题的几个答案，学习者选择正确的一个或几个答案。

此外，还有组句、连句、合成句子、改装句子、扩展句子、造句、背诵、翻译、问答、看图说话、复述课文等练习，一般围绕课文进行，以巩固课文中出现的新的语言材料。

（3）语言运用阶段

通过操练课文获得的外语能力还不一定能让学习者熟练地进行交际会话，因而第三阶段必须给学习者提供交际实践的机会，以培养其真实的交际能力。

这方面的练习有：

第一，各种形式的交谈。可联系日常生活进行交谈，还可指定情境（如公园游玩、商店购物等）进行交谈。

第二，话题讨论或座谈。可就课文内容、电影、录像片段、图画等展开讨论或举行座谈。

第三，快速问答。可就课文或眼前景物、事件进行即兴式对话。

第四，叙述或记述。可就图画、幻灯片、录像、电影等进行口头叙述或书面记述。

第五，翻译。两种语言的转换操练。

这些练习以学习者为主，教师从旁指导，或适时补充。

（七）功能法

功能法是以语言功能和意念项目为纲，培养交际能力的一种教学方法。

1.功能法的基本原则

功能法关注语言的社会交际能力，关注培养学习者的语言交际功能，因而它的基本原则都围绕着这一中心来制定。

（1）以单元-学分体系组织语言教学

根据学习者学习外语的基本目的，并考虑到其中的一般目的和特殊目的，可以把语言教学分成对学习者具有一定针对性的单元，各单元前后搭配、相互联系构成整体。先学习具有共性的部分，再根据不同的需求学习不同的单元。每一个单元规定一定的学分，学完一个单元即获得相应的学分。

（2）以功能-意念为纲，考虑交际要素

功能法教学以功能-意念为纲，注意考虑交际的三要素：功能、普通意念、特殊意念。此外，还需要考虑人们运用语言进行交际的其他要素：情境、社会、性别、心理状态、语体和语域、重音和语气、语调、语法和词汇、语言辅助手段等。

（3）教学过程交际化

在强调语言教学的根本目的的同时，注意教学过程的安排和设计，努力使外语教学的整个过程交际化，让学习者在交际活动中、在语段中使用语言以培养其交际能力。

（4）基本目的语和专业目的语兼顾

在学习基本目的语的同时，要注意训练专业目的语。这样，既能满足学习者的一般学习需求，强调学以致用，提高学习者掌握目的语的水平，又能使教学更具有针对性和实用性，全面达到语言学习的目的。

2.功能法的教学过程

功能法的整个教学过程包括以下三个环节：

（1）展示语言材料环节

通过对话的形式、图片或实物、情境，让学习者接触新的语言材料。对话应力求真实、自然，并尽量在一定的情境中展示。

（2）学习和操练环节

将对话中出现的基本表达法及相应的语言结构抽出来让学习者进行模仿

练习，以使其在表达时能灵活运用。除模仿之外，还可通过各种形式的操练来让学习者掌握所学内容，如朗读、根据个人情况进行有限扩展的问答练习等。

（3）自由交际及表达环节

在语言教学的过程中，应提供相应的情境，给学习者创造自由使用语言的机会和条件，如做游戏、谈话、讲故事、角色扮演、讨论等，训练学习者的各种交际技能，提高其表达能力。

（八）任务型教学法

任务型教学法是交际教学法的进一步发展。交际教学是通过与社会人群的交际和交流来使学习者习得和掌握语言知识与语言能力的教学。任务型教学法则是把语言教学与学习者在日常生活中的语言运用结合起来，让学习者面对真实的生活环境和社会环境，完成一个个具体的任务，从而习得语言知识和掌握语言能力。

任务型教学法的核心思想是要模拟人们在社会、学校生活中运用语言所从事的各类活动，把语言教学与学习者在今后日常生活中的语言应用结合起来。任务型教学法把人们在社会生活中所做的事情细分为非常具体的若干任务，并把培养学习者完成这些任务的能力作为教学目标。

1. 任务型教学法的特点

（1）以任务组织教学

任务具有明确的目标指向，不仅要达到预期的语言教学目的，还要达到一定的非教学目的。例如，设计电话预定出租车的情境，学会运用话语来叫车是预期的任务目标，而结果叫来了出租车是非教学目的。

（2）通过交流来学会交际

任务具有交际性和互动性，可以促进学习者的人际交往，学习者在参与、交流、合作的过程中，以交际任务带动学习。例如，营造一个接待来访者的场景，学习者通过接待、交谈，学会与来访者打交道的技能，同时练习了说话。

（3）调动学习者个人的生活经历和已有的目的语资源

在学习活动中，学习者凭借这些资源，感知、接收和应用目的语。例如，营造一个参加足球赛啦啦队的场景，由于学习者有观看球赛的经历，了解了一些有关体育运动的目的语话语，因而很快学会了"加油""传球""角球""射门""罚球"等词语。

（4）在干中学，在用中学

将课堂内的语言学习与课堂外的语言活动有机地结合起来，摆脱单纯的语言学习和语言练习，使语言教学成为有语境、有意义、有交际目的的语言实践。

2.任务型教学法的原则

（1）言语、情境真实性原则

这个原则是指在任务设计中，尽可能创设真实（即学习者的实际生活）或接近真实（即贴近生活）的情境或场景，不仅交际活动是真实的，所用的交际语言也是真实的。这样，学习者在完成交际任务的过程中，所接触和加工的语言知识和语言信息就能得到有效的接收和应用。

（2）形式与功能性原则

这个原则是指任务设计要在真实性的基础上，注重和实施语言形式和功能的结合，使学习者明确所学的语言形式与功能之间的关系，在完成任务的活动中，不仅掌握语言形式，理解其功能，而且获得将语言功能应用于交际中的感受和能力。这就消除了传统语言练习脱离语境、脱离功能、注重单纯形式训练的弊端。

（3）任务的连贯与相依性原则

这一原则是指在学习单元中任务与任务之间的关系，以及课堂实施任务的步骤和程序。所设计的一组或一系列任务之间，不是毫无关系的随意堆积，而是连贯的、有层级的,从简到繁,由易到难,互相衔接,呈阶梯形层层递进,并统一在一定的目标指向上,使学习者一步步达到预期的教学目的。

(4) 在做中学原则

这一原则是指学习者在完成具体的任务活动中习得语言,也就是说,要引导学习者通过参与和完成一定的交际任务来学习和积累目的语语言。它并不排斥学习语法规则和记忆单词,但语法规则和单词不是从教师的单纯讲解中获得,而是在使用中感受和内化。坚持在做中学原则可以使学习者把陈述性知识和程序性知识的转化紧紧地结合和联系在一起,学得扎实,学得牢固。

(5) 脚手架原则

这一原则是指创造条件支持学习者循序渐进,逐步向预期目标攀登。这就像建筑楼房的脚手架一样,让学习者既能攀高,又能在产生成就感的同时觉得安全。完成一定的任务有一定难度,要冒失败、犯错的危险,因而必须让学习者有勇气和安全感,这样才能顺利进行教学。

3.任务型教学法的教学过程

任务型教学法的教学过程可分为三个阶段:语言的引入阶段、语言的练习与语言的输出阶段。

(1) 语言的引入阶段

任务型教学法主张在学习者有所准备的情况下引入新的语言材料。这种准备有内容上的准备,即将课堂进行的话题与学习者以往的经历和经验联系起来;也有语言知识上的准备,即激活学习者已有的语言储备,包括词汇和句子等,与将进行的交际或交流活动中所要应用的语言形式结合起来。具体分为三个步骤:第一步,从单个语言成分如词汇、句子开始进行一些机械性语言练习;第二步,引导学习者用所学的语言(包括新旧词语与句子)进行交流;第三步,让学习者进行课本上的对话,体会语言和内容的高度融合。这非常符合建构主义的理论观点。

（2）语言的练习阶段

激活学习者存储的心理词汇和句子，只是为接收和同化新词、新句创造一些条件，其本身并不能产生新的语言形式。因而在引导学习者进行交际活动之前，需要实施有关语言的灌输和语言方面的练习。这类练习有两种：机械性练习和有意义的练习。机械性练习是对刚刚接收的新语言进行模仿或重复的操练或训练，目的是让学习者体会和记住新语言的用法和功能，在需要时能准确提取和运用。它属于基本技能的练习，如果安排和设计得当，就可以让学习者积极、主动地参与各种练习活动。有意义的练习介于机械性（控制性）和交际性（非控制性）之间，起着承上启下的作用，即学习者使用新学的词句，随意地表达自己的所见所闻、所思所想，使学习者的认知从知识外部特征转向知识内在联系。

（3）语言的输出阶段

这个阶段主要是呈现任务和完成任务，即指导学习者运用所学的知识和技能（包括新旧语言知识和新旧语言技能）来完成一个预定的交际任务。课堂上所进行的交际活动应该贴近实际生活中的语言使用环境，能发挥学习者的自主性和创造性，从而解决实际问题，完成具体任务。这样的语言活动一般可以在小组或结对练习中完成。学习者在这种交流中，将以往所学的旧语言形式与刚刚学到的新语言材料组织成话语，运用于交际和表达中，在完成任务的过程中加深对语言形式及其功能的领会和理解。

（九）情境教学法

情境教学法指在具体的教学过程中，教师根据自己所要教的内容，有目的地引入或创设与之相关的、形象的、具有一定感情色彩的具体情境，引导学生更加直观、直接地获得相应的认知感受或情感体验，从而帮助学生走近作者，最大限度地去理解文本所表述的内容、所表达的感情、所陈述的观点，并使学生得到有效发展的教学方法。情境教学法的关键在于将教学内容融入具体的情境之中，使学生仿佛身临其境，与作者、与文本，即教学内容有效融合，实现学生、文本、作者、教师的有效统一。

1.情境教学法的原则

（1）体验性原则

人的认知活动带有体验性，人的认知水平和认知能力也与人的心理水平有关。情境教学法要求教师将教学内容融入具体的情境之中，从而使学生获得直观的认知感受和情感体验，那么在情境教学法的过程中就必然贯穿着教师所引导的、学生所产生的各种体验。

体验性原则要求教师尽量在与教学内容相关的各种情境或氛围中引导学生发现问题，产生各种问题意识，并根据自己的理解和经验发散思维，展开想象，寻求解疑之道，辨别是非曲直。体验性原则贯穿情境教学法教学过程始终，学生思维的"过程"和学生通过学习获得的"结果"同等重要。教学不仅仅是让学生知其然，还要让学生知其所以然；教学不能只是让学生知道正确答案那么简单，找到答案的过程以及在这一过程中所获得的情感体验也同样弥足珍贵，也同样是教学的有效内容。

（2）自主性原则

自主性原则建立在良好的师生关系之上，它要求教学活动必须尊重学生的主体地位和充分发挥教师的主导作用，使教师从学生的实际出发，根据教学内容，适时地、行之有效地引导并鼓励学生去发现问题，在发现问题之后独立思考，并且不断地进取、探索，不屈不挠，坚持不懈，培养学生的主动意识和创新精神，使学生在完成学习任务的同时得到如何做人的情感态度体验。

只有相互信任和相互尊重的师生，才能做到有效教学、有意义教学。教学过程本身就是教师、学生与作者之间的对话交流。在情境教学中，教师了解学生，学生了解教师，彼此默契十足；教师对学生言传身教，以自身为模板、为实例，对学生循循善诱，在引导和启发的过程中动之以情、晓之以理；学生在教师的引导下，步步深入，发散思维，从而不断地获得认知，获得体验，获得提高。

2.情境教学法的功能

（1）陶冶学生情操

所谓陶冶，即给人的心灵、思想、精神产生积极的影响，使人的精神得以升华，性情得以滋润，情感得到熏陶，从而获得美的感受和觉悟的提高。情境教学法使艺术还原于生活，与学生的生活实际紧密相连，必然使学生更加真切地感受到文本的内容和作者的思想，在学习的过程中，获得更加真实的、美好的情感认知和情感体验，从而陶冶学生的情操，滋润学生的心灵，升华学生的灵魂，健全学生的人格。

（2）启迪学生心智

人是一切社会关系的总和，人们的生活受到诸多环境因素的制约，教育也是如此。保加利亚心理学家乔治·洛扎诺夫（Georgi Lozanov）曾指出："我们是被我们生活的环境教学和教育的，也是为了它才受教学和教育的。"教育与人所处的环境息息相关、紧密相连。因此，情境教学法能够恰到好处地将教学内容还原于具体的情境之中，有效激发学生的积极性、求知欲，学生在经过思考之后，受到启迪，从而获得新的认知，顺利地解决问题。

第二章　对外汉语教学的理论基础

第一节　语言学习理论

语言学习理论主要研究学习者语言学习的过程和规律，是第二语言教学学科基本理论之一，是语言教学理论确立的重要前提和参照。西方学者认为，对语言学习理论研究的深度目前还不能期望过高，这些理论所引起的争议有时甚至大于所达成的共识。即使根据那些被较多人接受的理论，人们也只能在一定程度上了解第二语言学习者在做什么，他们掌握了什么，还不可能肯定地说他们是怎么做的，是怎么掌握的。至于把这些有关语言学习理论研究成果运用到教学实践中去，指出如何教第二语言，还有一段艰巨的路程要走。

我国对语言学习理论所做的专门的、深入的研究，起步更晚，这方面的研究还是个别的、零星的，规模远不如对教学法的研究。近年来，国内外对语言学习理论的研究都有了进一步的发展，国内一些学者对汉语学习理论进行了许多开拓性的研究，但总的来看，已有的理论研究和实验研究成果还远不能满足学科建设和教学实际的需要，汉语学习理论的研究将是一项长期而艰巨的任务。就目前来看，在进一步引进、评介西方有关研究成果的同时，应结合汉语和汉语作为第二语言教学的实际，明确基本研究内容，着力研究对比分析理论、错误分析理论和中介语理论。

一、语言学习理论的基本研究内容

语言学习是发生在学习者身上的事,一切教学目的、任何教学方法、所有教学手段和资源、学校和教师的各种努力最终都必然也应该在第二语言学习者那里得到体现和检验。所以,首先要研究学习者的基本情况,这样才能真正做到有的放矢、因材施教。

此外,基本研究内容还包括对一些基本概念、基本关系和基本问题的研究和探讨。例如,"学习"和"习得"的含义及其相互关系,第一语言学习和第二语言学习、儿童母语学习和成人外语学习的异同,母语对第二语言学习的干扰和促进,语言输入和语言输出的关系,课堂教学和自然习得的比较,语言能力的构成因素及形成过程,语言交际能力的构成因素及形成过程,语言学习环境的构成因素及对学习者的影响,口语学习和书面语学习的特点及相互关系,等等。

二、对比分析理论

对比分析作为一种语言分析方法已有相当久远的历史了,可以追溯到 19 世纪的历史比较语言学。把对比分析运用到第二语言教学中始于美国语言学家查尔斯·弗里斯(Charles Fries),他曾指出,最好的教材是这样的教材:它的立足点是一方面对所学外语进行科学的描写,另一方面对学生的本族语进行平行的描写,加以仔细的比较。从第二语言学习的角度提出对比分析假说及对比分析具体方法的是美国语言学家罗伯特·拉多(Robert Lado)。在《跨文化的语言学》(*Linguistics Across Cultures*)一书中,拉多表明了自己的基本设想:"人们倾向于把本族的语言和文化中的形式、意义以及两者的分布方式转移到外族的语言和文化中去。""我们假定,学生在接触外语时,会觉得其中有些特征易学,有些难学。与本族语相同的要素,他们觉得简单,不同的就困难。老师如果把两种语言比较过,就知道真正的困难何在,因而更有办法去进行教学。"由于拉多等人的提倡,对比分析理论盛行于 20 世纪五六十年代。人们一度相信:语言学习的障碍是母语的干扰;通过目的语和学生母语的对比,可以为教材编写提供根本依据;可以预测因两种语言的差异而造成的学习中的难点,从而在教学中采取预防措施。但是,到了 20 世纪 60 年代后期,对比分析理论受到了怀疑和批判。有人指出,"按对比分析编出的教材使用效果并不见得很好""对比分析的鼓吹者说它能预测外语学生会在什么地方出岔子,出什么样的岔子,然而事实上办不到"。于是,对比分析逐渐被中介语研究等替代。20 世纪 80 年代,人们开始重新认识对比分析理论在语言研究和外语教学中的重要价值,对比分析理论再次受到人们的关注。

(一)对比分析的理论基础和分析步骤

对比分析以结构主义语言学、行为主义心理学及迁移理论为理论基础,出现在结构主义语言学和行为主义心理学的鼎盛时期,与这二者有着不解之缘。结构主义语言学强调对语言的结构进行客观、静态的形式方面的描写,并且相信在对两种语言进行精确的描写的基础上,通过对比可以发现两种语言的异同,这是对比分析产生的重要理论依据。行为主义心理学认为,语言是一种行为习惯,习得一种语言就是习得一种习惯。母语习惯的形成未受到其他语言的干扰,而学习第二语言则意味着要克服母语的干扰,形成一种新的习惯。迁移理论认为,母语中与目的语相同的地方将促进目的语的学习,而母语中与目的语不同的地方会造成学习目的语的困难,差异越大造成的困难也就越大。这种原有的知识对新知识的学习产生影响的现象称为"迁移",其中促进新知识学习的迁移叫"正迁移",干扰和阻碍新知识学习的迁移叫"负迁移"。第二语言学习中的错误正是学生母语习惯负迁移的结果。对比分析假设的核心就是,第二语言学习的障碍来自母语的干扰,通过对比两种语言结构的异同,可以预测学习者的语言错误和难点,从而在教学中加以突出,并采取措施,达到减少语言错误、提高教学质量的目的。

对比分析大体包括以下四个步骤:

第一步,描写:对所比较的两种语言进行详细的描写,作为对比的基础。

第二步,选择:由于不可能对两种语言所有的方面都进行比较,所以必须对要比较的某些语言项目进行选择。

第三步,对比:对选好的语言项目进行对比,找出它们的异同点。

第四步,预测:根据对比的情况,对第二语言学习者在学习中可能出现的错误和学习困难进行预测。这种预测一般通过构建第二语言学习"难度层次"或通过应用心理学和语言学的理论来实现。

(二)对比分析理论评价

20世纪60年代后期,由于转换生成语言学和认知心理学的出现,对比分析的语言学和心理学基础受到了挑战。人们开始转向对第二语言学习过程的研究,加上教学实践和实验研究的深入,对比分析理论上的一些局限也随之暴露出来。

一方面,对比分析理论认为,语言之间的差异是造成学习者语言错误的主要乃至根本原因,因此只要通过对比分析找出目的语和母语之间的差异,就可以预测学习者在目的语学习过程中可能出现的错误。然而,实际观察表明,对比分析所预测的学习中的语言错误并没有出现,而没有预测到的语言错误却出现了。这说明对比分析对学习者语言错误的预测能力是十分有限的。换言之,两种语言的差异并不能自动、必然地引申出第二语言学习中的问题,对比分析理论的根本前提——第二语言学习者的语言错误完全是由学习者母语干扰造成的，是有问题的。调查研究表明，学习者的语言错误是由多方面原因造成的，既有母语干扰（负迁移）的原因，又有学习者在学习过程中对目的语理解不够全面和准确的原因，如过度概括、忽略规则的使用条件、应用规则不全等，甚至还有教师和教科书的误导等原因。

另一方面，对比分析理论认为，母语与目的语之间的差异越大，干扰就越大，学习的困难也就越大。这种将语言之间的差异同学习者的困难等同起来的做法缺乏理论支持。"差异"是语言形式上的问题，"困难"是心理学上的问题，把二者必然地联系、等同起来，是没有心理学依据的。实际情况往往是，两种语言形式上的明显差别之处掌握起来并不见得就难，而表面上相近的地方有时倒是最难掌握的，这些地方常常是学习者感到最困难和最容易出错的地方。

可以说，认为学习者的语言错误必然是由母语干扰造成的，把学习者的困难跟语言之间的差异必然地联系、等同起来是对比分析理论的两大根本缺憾，在理论和实践上都缺乏有力的支持。但是，无论是从历史看，还是从现实需要看，对比分析都应成为第二语言学习理论研究的重要领域，相较其他一些理论模式，对比分析更有自身的价值，关键是要恰当地估计对比分析的作用，开拓对比分析的新领域。

首先，对比分析理论对语言学理论和第二语言学习理论作出了历史性的贡献：它形成了一套严密的、行之有效的对比分析方法和工作程序；通过对不同语言形式特征的细致描述和比较，发现了许多不用这种方法就不容易发现的重要语言现象，不但丰富了普通语言学理论，而且丰富了第二语言教师的语言知识和对语言之间差异的深刻理解，这无疑有益于教学实践的深入和教学水平的提高。因此，对比分析理论始终对第二语言教师有着很大的吸引力。

其次，要正确估计对比分析的作用。要充分认识到对比分析并不能解决学生的所有问题，但是对比分析也绝不是学生的所有问题都不能解决。实际上对比分析之所以受到怀疑和指摘，是因为早先对它期望过高，以为它能预测和预防学习外语的学生的错误,能成为编写教材的唯一基础。估计过高固然不对,估计过低也不好。语言对比显然能大致推断出学生会在什么范围内出错,在发现错误后也能在一定程度上说明出现错误的一部分原因。这就是说,对比分析虽然对学生语言学习困难的预测能力并没有人们当初期望的那么大,但毫无疑问,它仍然是第二语言教学不可或缺的辅助手段,不能因为它未能满足人们过高的期望,就完全抹杀它在第二语言教学和学习中应该和能够起到的重大作用。

最后,应该在教学实践和理论研究中进一步完善和拓宽对比分析的领域。事实上,对比分析预测到的难点和可能出现的错误,有些未出现的原因之一是学生有意回避(正是因为感到"难",所以才不用),如果是这样,那么恰好证明对比分析的预测是对的。诸如此类的问题还需要进一步研究和探讨,从而不断丰富和完善对比分析理论。重点在于,要把对比分析的内容从语音、词汇和语法的对比扩大到语用、篇章、话语和文化等领域。对比分析的主要倡导者拉多早在 1957 年就指出,文化对比与语言对比在对比分析中有着同等重要的地位。只是在后来的对比研究中,文化的对比一直没有受到应有的重视,拉多也忽略了这一点。实际上,第二语言学习者的许多困难和语言交际错误和目的语与母语之间语用、篇章、话语和文化等方面的差异有关。

三、错误分析理论

因为对比分析不能预测和解决学习者的全部语言错误,于是从 20 世纪 70 年代开始,人们把注意力从语言之间的对比转向对学习者语言错误本身进行系统的分析和研究,并形成了错误分析理论。这一理论给语言学习和习得研究带来了两个极为重要的转变。其一,在研究的侧重点上,由关注目的语和母语的对比转向对学习者、学习过程、语言错误本身的关注,使第二语言学习者及其语言错误在教学和学习中的作用得到了前所未有的重视和研究。其二，对待错误的观念发生了根本性变化，传统上人们并不把语言错误看成有理论价值的东西，因而错误分析只是以目的语为标准去判断错误和评估学习者的语言水平，并通过对错误的分析来帮助确定教学内容的先后顺序，决定教学和练习的重点、难点，直至最终消灭错误。而在错误分析理论中，学习者的语言错误被看作第二语言学习过程中的正常现象、必然现象，是有价值的东西，而不再是避之而不及的东西。在对比分析理论中，从教师的角度看，语言错误实际上象征着学习上的失败，第二语言教学和学习的过程实际上就是纠正语言错误的过程。而在错误分析理论中，从学习者的角度看，语言错误不再被看作失败的象征，而被认为在学习过程中是不可避免的和有用的，因为它反映了学习者对目的语所做的假设，这种假设与目的语实际不符，才出现了偏差。进行错误分析可以了解学习者是如何建立和检验假设的，可以探索外语学习的心理过程。

关于错误分析的作用，S.P. 科德（S.P. Corder）认为，对学习者的错误进行分析有以下作用：教师可以了解学习者对目的语的掌握程度及其所达到的阶段；研究者可以了解学习者是如何学习和习得目的语的，以及学习者在学习过程中采取的学习策略和步骤；学习者可以利用错误分析来检验其对目的语的结构规则和表达规则所做的假设。科德在《应用语言学导论》中说："错误分析最明显的实际用途是为教师服务。错误提供反馈，它告诉教师他用的教材和教学方法产生了什么效果，并且向他提出他所依据的教学大纲中哪些部分在教和学的过程中还有不足之处，需要进一步重视。错误能使他决定他是否可以接下去讲授教学大纲中的下一个项目，或者是否必须花更多的时间继续讲授他正在讲授的项目。这就是错误的常见价值。"

（一）错误分析的理论基础和分析步骤

错误分析旨在对第二语言学习者的语言错误进行系统的分析和研究，确定其错误的来源，并以此揭示第二语言习得的心理过程和习得规律。错误分析的心理学基础是认知理论，语言学基础是乔姆斯基的语言习得机制理论，即人是通过大脑中的语言习得机制学习和获得语言的。错误分析理论认为，第二语言的习得过程是语言规则形成的过程，即学习者不断从目的语的输入中尝试对目的语规则作出假设，并进行检验与修正，逐渐向目的语靠近并构建目的语的规则体系。科德指出：错误分析的关键在于语言的系统性，因而也在于错误的系统性；如果不从这一假设出发，没有人会问津错误分析这项工作。当然，这绝不是说所有的错误都是一贯而有系统的。应当明确的是，有些东西可能从表面看是没有系统的，那是因为人们对它的规律还没有认识。

错误分析按科德的观点分为以下五个步骤：

第一步，搜集供分析的语料：包括口头表达、书面练习以及听力调查获得的语料。

第二步，鉴别其中的错误：从语法和交际两个方面鉴别，不符合语法规则的为错误，符合语法规则但在交际情境中用得不恰当的，亦为错误。同时，还要区别有规律性的错误和偶然的失误（当然有时并不容易）。

第三步，对鉴别出来的错误进行分类：从不同角度，为不同目的，可以有多种分类。

对错误的分类大致有以下几种情况：

其一，从语言形式上把错误分成语法错误、词汇错误和语音错误，并对有关内容进行再分类。这种分类是传统的做法，着眼于语言形式，服务于课堂教学，不重视交际中的错误分析。

其二，从错误的来源上把错误分成语间错误和语内错误。语间错误是由母语语言和文化的干扰造成的，语内错误是由对目的语规则理解不正确或不全面造成的。

其三，科德从中介语系统上把错误分成前系统错误、系统错误和后系统错误。前系统错误指学习者目的语语言系统形成之前的错误，因为正在学习和理解所学语言，处于对语言规则的探索阶段，因而学习者还不能解释，亦无法改正自己的语言错误。系统错误指学习者知道目的语的某个（些）规则，但还没有完全掌握它（们）的用法，或者说学习者对有关规则作出的假设是不正确的，致使学习者有规律地运用一个（些）错误的语言规则，因而出现规律性的错误，学习者能对这类错误作出一些说明，解释为什么要这样用，但不能对错误自行改正。后系统错误指学习者目的语系统形成之后的错误，学习者虽然已经掌握了目的语的某一个（些）规则，基本能正确运用，但有时因暂时遗忘等原因而用错，学习者能自行纠正这类错误，并且能说明错误的原因。

第四步，解释错误产生的原因：错误被鉴别出来并进行了分类以后，接下来就是分析错误产生的原因。原因主要有母语语言和文化的负迁移、目的语语言和文化的负迁移（过度泛化）、学习策略和交际策略的影响、教师和教材及教法的误导等。

第五步，评估错误的严重程度：错误对交际的影响取决于错误的程度。有的错误对交际影响不大，有的可能使交际不畅甚至引起误解，有的则可能妨碍思想的交流，造成交际无法进行下去。

（二）错误分析理论评价

错误分析理论对第二语言教学研究的贡献包括以下几个方面：

第一，错误分析使第二语言教学更加自觉地转向注重对学习者及其学习过程的研究，而这一转变是由注重教向注重学迈出的坚实的一步，也是向提高第二语言教学质量和效率迈出的关键的一步，不仅拓宽了第二语言教学基本理论研究的范围，也使错误分析理论成为第二语言学习理论的重要组成部分。

第二，错误分析使人们从根本上改变了对第二语言学习过程中出现的错误本质的认识。它把错误从需要避免和纠正的消极地位提高到了是了解和认识第二语言学习过程和学习规律的导向和窗口的积极地位。它提示人们：学习者的语言错误是学习过程中的正常的、必然的现象；错误是语言学习过程中必经的路标，不出错是学不会语言的。它对错误的分类和对其来源的探究促使人们对待错误的态度和纠错时的某些做法进行重新思考。错误不再是"洪水猛兽"，不再是教学过程中时时处处需要防范的"大敌"；"有错必纠"也要看是哪一个阶段的错误，对系统错误可能会有一定的效果，而对前系统错误和后系统错误则起不了太大的作用，这就是说，错误分析启示人们对不同阶段、不同类型的错误，要采取不同的态度和措施，而不能一味地有错必纠。

第三，错误分析基本上形成了一套比较有效的错误分析方法和程序。错误分析理论的具体研究成果为课堂教学、教材编写和测试等提供了积极的反馈和依据，有利于教学实践的改进和教学效率的提高。

错误分析的局限性包括以下几个方面：第一，鉴别错误的标准在实践中有时很难把握。这里面有错误的程度问题，也有目的语各种变体带来的问题。第二，对错误的分类缺乏统一的标准。不论从哪一个角度进行分类，实际上总有一些错误难以归入其中或可左可右。第三，从理论到实践都很难说明错误与回避的关系。回避是一种有意识的交际策略，错误分析很难说明回避出现的情况以及回避是否就是错误等。诸如此类问题，都需要进一步加以研究和完善。

四、中介语理论

中介语指的是第二语言学习者特有的一种语言系统，这一语言系统在语音、语汇、语法、语言交际及其相关文化等方面既不同于学习者的母语，也不同于目的语，而是一种随着学习的进展向目的语的正确形式逐渐靠拢的动态的语言系统。科德、威廉·尼姆塞尔（William Nemser）、拉里·塞林格（Larry Selinker）三位学者为早期中介语理论的形成和发展作出了杰出的贡献，他们几乎同时提出了相近的理论观点。科德把学习者的语言系统称为过渡能力系统，这个系统是学习者现实的心理规则系统，学习者在对目的语规则假设的不断检验的基础上逐步更新这个系统，学习者习得过程中所产生的系统错误就是这种过渡能力的表现。尼姆塞尔用"近似系统"的概念来描述学习者的语言系统。"近似系统"是说学习者的语言系统是逐渐接近目的语系统的、不断变化的连续体。一方面，学习者不可能在瞬间接触到整个目的语系统；另一方面，学习者的母语是一种干扰源，使学习者的语言系统偏离目的语系统。塞林格1969年在论文《语言迁移》中首先使用了中介语这一概念，1972年，他又发表了著名论文《中介语》，确立了中介语理论在第二语言习得研究中的地位。他认为，由于学习者的话语与目的语是不一致的，那么在构建第二语言学习理论时，人们完全有理由或者说不得不假定存在着一个独立的、可以观察到的以语言输出为基础的语言系统，人们把这种语言系统称为"中介语"。

中介语包含两层意思：一是学习者语言发展的任何一个阶段的静态语言状况；二是学习者从零起点开始不断向目标语靠近的渐变过程，也就是学习者语言发展的轨迹，这个过程是动态的。中介语理论要研究的是动态过程，而对动态过程的研究必须建立在对静态语言状况描写的基础上。

（一）中介语研究的目标、基本途径和研究方法

中介语研究的基本目标是发现并描写中介语系统；中介语研究的核心目标是探求第二语言学习者语言系统的本质，揭示第二语言习得过程的内在规律，为课堂教学和教材编写内容的选择、组织和安排等提供理论依据。

中介语研究的基本途径是观察和实验，以及对观察和实验的结果进行比较、分析和描写。观察就是直接了解学习者学习和习得的情况，包括观察学习者的背景情况、语言输入和输出情况等。实验就是根据对中介语发展的某种假设进行有计划的实验，通过观察得到的初步结论也要通过实验来证实。比较就

是对观察和实验的结果进行比较，包括个体之间、群体之间的横向比较，个体与群体在不同阶段学习及习得情况的纵向比较。分析就是对观察、实验和比较的结果进行分析，揭示各种主客观条件在语言习得中的作用以及产生错误的原因等，包括语言习得和错误跟个人背景的关系，与教材、课堂教学、课外语言环境等的关系。描写包括随时对观察、实验、比较和分析的结果进行记录和整理的即时描写，对某一阶段（如一学期、一学年）的观察、实验、比较和分析的结果进行系统的描写和整理的阶段性描写，对某种语言的中介语进行全面整理和归纳的系统描写。

中介语研究的基本研究方法有：垂直研究，即对某一个或一些学习者第二语言的学习过程进行跟踪调查；交叉研究，即同时对处于同一学习阶段的学习者的中介语进行研究。

（二）中介语的特征和中介语产生的根源

1.中介语的特征

中介语主要有以下三个特征：

（1）整体的系统性

中介语作为一种第二语言或外语学习者使用的语言，具有人类语言的一般特性和功能。从内部构成上说，它也是由语言要素构成的系统，即它有语音、词汇和语法的规则系统，学习者能够运用这套规则系统生成他们从来没有接触到的话语。从外部功能上看，中介语可以发挥交际工具的功能，完成一定的交际任务。中介语的系统性还体现在，学习者使用的第二语言虽然与目的语系统有一定的差距，但是有一定的规则，而不是任意的。就是说，中介语在任何阶段都呈现出较强的系统性和内部一致性，学习者的言语行为是受到中介语系统规则支配的，这跟母语的使用情况是一样的。实际上，学习者在第二语言交际中出现的错误是以目的语的规则体系作为衡量标准的，从中介语系统来看，这些所谓错误就另当别论了。

（2）内部的重组性

中介语系统是一个不断变化的体系，一方面有来自母语规则迁移的影响，另一方面有来自目的语规则泛化的影响，同时学习者不断地接受新的目的语规则，不断地作出新的假设，这样就使中介语总是处在不断扩展、修改和重组的过程中。中介语系统正是在这种不断变化、重组和逐步修改假设的过程中逐渐向目的语系统靠拢的。

（3）发展的僵化性

从总的趋势上说，整个中介语是不断地向目的语系统接近的，但这种接近不是直线式的，而是曲折式的，表现为在整个中介语系统中和某些方面的僵化现象中。第一，某些已经纠正过的错误往往有规律地反复重现。鲁健骥认为，造成这种情况的原因可能是外语学习者在表述一个意思的时候，使用的目的语形式比较难，因而使用一个更熟悉的中介语形式，而这一形式从目的语的标准看是有错误的。第二，学习者的中介语连续体在尚未达到目的语状态时便停止了发展，进一步的学习也不会再有进步。第三，学习者的某些语言形式在未达到目的语状态时便停止，同时某些语言错误已作为一种习惯固定下来，进一步的学习也无法改变。例如，某一个或几个音总也发不好，某一个或几个语法经常出错。

2.中介语产生的根源

塞林格指出，学习者在中介语构建过程中主要使用了以下几种手段，也就是中介语的产生有以下几个根源：

其一，语言迁移：指在第二语言或外语学习过程中，学习者由于不熟悉目的语的规则而自觉或不自觉地运用母语的规则来处理目的语信息的一种现象。利用母语知识可能导致语言错误，即所谓负迁移，也可能导致说出正确的目的语句子，即所谓正迁移。不过对于后者，如果不了解说话人的母语，就根本发现不了这种迁移。事实上，正迁移同负迁移一样值得研究，因为它同样能够告诉人们语言迁移是在什么时候和什么情况下可能发生的。当然，负迁移才是产生中介语的原因。

其二，目的语规则的泛化：指学习者把某些目的语规则当成普遍性的规则来使用，即过度类推造成语言错误。初学者的语言错误多是由母语干扰造成的，因为母语是唯一的"靠山"。对于中等以上的学习者来说，他们的语言错误多是由目的语规则的泛化造成的，因为此时学习者总是愿意把已经学过的目的语知识和规则同当前学习的内容联系起来，这应该是正常和合理的，但往往会出现过度使用某些知识和规则而造成语言错误的情况。

其三，训练迁移：指教学不当、训练不当或采用有错误的学习材料导致学习者出现语言错误。具体来说，教师讲解不清楚、解释错误、示范有误、对句型使用条件阐述不充分等都可能使学习者出现语言错误。

其四，学习策略：指学习者学习和掌握单词、语法规则和其他语言项目的含义和用法的方法。迁移、泛化、简化等都是学习者常用的学习策略。简化策略主要体现为"减少赘余"，即减少对意思的表达显得多余、重复的语言成分。简化的另一种情况是，学习者通过过度概括一些语言现象而得到一条规则，然后用这条规则去创造语句表达新的意思。实际上，泛化和迁移都是把已有的语言知识（包括目的语和母语）运用于第二语言学习的策略，都可以视为简化策略。简化有助于发展目的语体系，它反映了学习者建立和检验假设的过程。迁移、泛化和简化这三种学习策略相互联系又互有区别，使用这些策略造成的语言错误事实上是很难明确区别开来的，错误有时可能是三者同时作用和相互强化的结果。

其五，交际策略：指学习者在表达意思时所用的方法。由于所要表达的内容超出了学习者现有的目的语的语言知识和技能，于是不得不使用一些语言或非语言手段进行交际，这些手段就是学习者的交际策略。交际策略的采用也是学习者中介语系统形成的原因之一。常见的交际策略包括回避和换个说法。比如，学习者对发发某个音感到困难、不知道或想不起来某个单词或句型时，就可能采取回避、转换话题或换个说法（乃至使用一两个母语单词、加上手势和表情等非语言表达方式）来"完成交际"。交际策略的使用对中介语系统的形成同样有很大的影响，许多错误就是使用交际策略造成的。

第二节　语言教学理论

一、结构主义教学理论

结构主义语言学理论及语言教学观将语言看作结构上相互联系并表达一定意义的系统，外语教学的目的是让学生掌握目的语系统中语音、词汇和语法等各种成分的内容。由各个相互关联成分（音素、语素、词、短语、句子）按照层次关系组成的结构系统，可分为几个子系统（音位系统、词汇系统和句法系统），其中句法系统是最复杂，也是最基本的。结构法、视听法、听说法等反映了这种观点。

"语言是一种习惯"是结构主义语言学语言观的另一大观点。它把语言学习过程看成"刺激—反应—强化—重复"机械的习惯形成过程，把语言自动化视作外语学习的目标。在课堂教学活动中，运用"刺激—反应"的模式训练学生，能够提高他们的语言熟练程度，但这也忽视了语言的创造性特点和语言所传递信息的不可预料性特点。

此外，结构主义语言学以口语为研究重点，认为在语言形式中口语是第一性的，文字只是记录口语的书面符号。

20 世纪 50 年代，在语言学家布龙菲尔德的结构主义语言学和行为主义心理学的理论基础上，听说法得到了发展。在结构主义语言观的影响下，听说法形成了"反复实践，形成习惯"和"排斥或限制母语"等教学原则。另外，"口语是第一性"的观点体现在听说法的教学原则中便是"听说领先"。

二、认知主义教学理论

认知学派的语言学理论基础是转换生成语言学，认为语言学习过程是获得规则、生成言语的过程，反对单纯的模式操练，认为模式归类不能从本质上区分形式相同而内容不同的结构。转换生成语言学提出的深层结构理论解决了这一问题，通过转化来区别不同的结构。

在外语学习方面，该理论认为，语言是由规则产生和控制的行为，它具有创造性。外语学习是学生从已知的知识出发，通过规则的分析和学习，对外语的语音、词汇和语法的模式获得有意识的认识的过程。

在转换生成语言学影响下的最为典型的教学法是认知法，其在 20 世纪 60 年代后对语言教学产生了很大影响。这种教学方法能够提高学生的学习效率，培养他们的语言运用能力。

三、社会语言学理论

社会语言学的语言系统观强调语言环境，侧重研究语言的社会功能，研究语言在社会中如何运用的问题。社会语言学主张语言的社会交际功能是语言最本质的功能。在外语教学中，社会语言学认为，把语言放在社会交际中来学习，在实际环境中进行交际，正确处理结构意义和环境意义的关系，能够让学生学会使用目的语进行社会交际。社会语言学提出的"交际能力"这一概念已成为外语教学的主要目的，主张竭力让学生学到地道的外语。

他们认为交际活动的成功与否不在于表达方式上语法的准确与否，而是取决于交际意图实现程度的高低。在这种观点的影响下，近几十年来的外语教学越来越关注对学生交际能力的培养，产生了诸如交际法等新的教学方法。

交际法，又称功能法或意念法，20 世纪 70 年代初产生于欧洲，渐渐得到了人们的普遍认可。它主要适用于二语教学，认为语言是一种交际的工具，倡导在交际过程中学习语言。它认为言语交际过程包括两个方面：一是表达什么思想内容，即意念；二是怎样运用语言表达思想内容，即表达法。它还认为外语教学的目的不仅在于培养学生的语言知识能力，同时还在于培养学生在真实的语言环境中使用外语交际的能力。到了 80 年代，在交际法的基础上，产生了更为具体可行的任务型教学法。

如果说，传统语言学及其翻译法是理性主义，那么结构主义语言学及其结构法则是感性主义，转换生成语言学及其认知法又回到理性主义，而社会语言学及其交际法等则是理论和实践更好的结合。

第三节　跨文化交际理论

目前，全球化已成为必然的世界性潮流，任何一个国家的文化都不是封闭和孤立发展的，而要和其他国家进行交流，相互影响，相互渗透，不断借鉴、吸收、融合先进的外来文化。这种文化交流对各国的发展都起着巨大的推动作用，但不同文化背景的人们在文化取向、社会规范和生活方式等方面的诸多差异会导致他们在编码和译码过程、言语和非言语行为及篇章或话语组织方面表现不同，进而使得不同文化背景的人们相互理解、和睦共处困难重重。因此，如何解决和避免各国交往中的障碍成为人们的迫切需要。在这种环境下，跨文化交际学作为一门独立的学科应运而生。

一、跨文化交际的定义

随着交通工具的进步与通信手段的发展，不同国家、不同种族、不同民族的人能够频繁地接触和交往，这使得跨文化交际成为时代的一个突出特征。L. S. 哈姆斯（L. S. Harms）认为，世界范围内的交际经历了五个阶段：语言的产生、文字的使用、印刷技术的发明、近百年交通工具的进步和通信手段的迅速发展、跨文化交际。跨文化交际指本族语者与非本族语者之间的交际，也指任何在语言和文化背景方面有差异的人们之间的交际。简单地说，在特定的交际情境中，具有不同文化背景的交际者使用同一种语言进行交际的过程就是跨文化交际。从这一概念的界定来看，它要求交际双方必须来自不同的文化背景，交际双方必须使用同一种语言。

二、影响跨文化交际的因素

跨文化交际既是语言的沟通，也是文化的对话。不同文化冲突现象产生的原因有很多，究其根本是不同国家、地域有着不同的文化、不同的历史背景，即人们在思维方式、价值取向、行为规范等方面的差异会导致他们在言语行为、语言的使用规律、语篇组织结构等诸多方面产生差异。

（一）思维方式方面的差异

文化会影响人们对外界事物的看法，不同的国家存在不同的文化，因此在思维方式方面必然存在差异。思维方式是指人们的思维习惯或思维程序。不同的思维方式会造成交际行为、编译码方式、交际风格乃至词法、句法等方面的不同，进而影响跨文化交际的顺利进行，这一点在东西方文化间表现突出。西方文化注重逻辑和分析，而东方文化表现出直觉整体性，这一点也是中国传统文化思维的特征。由于这种传统文化思维的影响，中国人往往特别重视直觉，注重认识过程中的经验和感觉，在交往中也往往凭这种经验和感觉去作出判断。与西方人的思维方式相比，中国人的思维方式具有明显的笼统性和模糊性。概括起来，中西方思维方式的差异表现在十个方面：伦理型与认知型、整体性与分析性、意向性与对象性、直觉性与逻辑性、意向性与实证性、模糊性与精确性、求同性与求异性、反馈性与前瞻性、内向型与外向型、归纳型与演绎型。这些方面的差异对中西方的跨文化交际产生着巨大的影响。

（二）价值取向方面的差异

人们的交际能力是在社会化的过程中产生的，它必然与人们的价值取向联系在一起。价值取向即价值观是人们关于什么是最好的行为的一套持久的信念，或是以重要性程度而排列的一种信念体系。这种信念体系虽然看不见、摸不着，却无处不在，对人们的活动起着规定性、指令性作用。每一种文化都有自己特有的价值体系（也可以被称为人们的处世哲学和道德标准），它不能脱离具体的文化环境而存在。每一种文化对同一事物可能存在着不同的判断标准，但是绝不可以理解为一种价值标准先进，而另一种价值标准落后。每一种文化都是自身文化环境的必然产物，它们在各自的文化体系内有其存在的合理性，在进行跨文化交际时必须予以足够的尊重。

（三）行为规范方面的差异

行为规范是指被社会所共同接受的道德标准和行为准则，就是告诉人们该做什么和不该做什么的一种规范。不同文化背景的人们在交际时，会不自觉地套用自身所在社会的行为规范来判定对方行为的合理性。而由于双方的行为规范存在差异，常常会产生误解、不快甚至更坏的结果。比如，中国人轻拍孩子的头部表示一种友好，但是在西方国家，这是一种不尊重孩子的做法，父母对此会非常愤怒。因此，在跨文化交际中能够正确地识别和运用行为规范是保证跨文化交际顺利进行的重要因素。

三、跨文化交际的原则

（一）质量原则

所谓质量原则，就是在交际过程中交际话语应该提供足够而又不致让人产生误解的信息量。质量原则包括质和量两个部分，质的部分要求交际话语所提供的信息准确，而量的部分要求交际话语所提供的信息充分。交际是一个将信息在交际者之间不断进行传送和反馈的互动过程。如果达不到质量原则的要求，则往往会导致交际中产生误解现象，甚至交际的失败。

（二）礼貌原则

交际过程中的举手投足或者是话语都会对交际产生实质性的效果影响。

行为举止的礼貌要求在各个地域和民族都普遍存在。例如，中国有"行如风，坐如钟，站如松，卧如弓"的体势礼仪要求，有"东家不请，西家不饮"的餐饮礼仪要求等。在日本，对坐姿的要求男女有别，男性是盘腿而坐，而女性则是跪坐；在招待客人时，妇女要跪着服务，且不能将屁股朝向客人。在欧美国家，人们往往注重服饰与着装，如男士穿西服、打领带，女士穿裙子或者礼服等。

交谈作为双方心理沟通的过程，需要双方都以对方为交往对象而密切地协调与配合。在交际过程中，双方都要耐心地倾听对方说话，并积极地作出各种反应，如专注的眼神、点头赞许或鼓励的手势等。即使不同意对方的观点，也应让对方把话讲完，不要急于争论或打断对方的话语。

在交际过程中，有些行为往往被视作不礼貌的行为。例如，说话时用手指（食指）指点对方。在一些旅游客车上，受过培训的导游会避免用手指点的方式来核实人数。

但是，不同地域和民族之间的礼貌原则存在显著差别。例如，在中国，比画小孩的身高往往是用五指并拢、掌心向下的方式；而在南美的一些国家，则是以五指并拢、掌心向内的方式，中国人的表达方式会被他们认为是一种不礼貌的做法。再如，在日本，客人进入主人家里，往往要脱鞋；但在东南亚的一些国家里，客人进入主人家里脱鞋则被视为不礼貌的行为。

（三）得体与适应原则

所谓得体，是指交际中的言语和行为适度。由于交际的对象、目的和情境不同，因而存在交际的对应性，也就是说，交际中的言语和行为也要审时度势，因时、因地、因人而变，以适应交际环境的变化。

从交际行为来说，既要入乡随俗，又要维护自己、国家和民族的尊严。

入乡随俗就是尊重或者遵从对方的习俗和规范。例如，在西方社会，宴会上人们主要是用高脚的"glass"喝红葡萄酒，倒酒时一般只倒 1/3 杯，且通常是一口喝完。喝茶水时，西方人习惯喝凉水，往往给客人倒半杯的量，等客人喝完再添加。而中国人则习惯喝热茶，给客人倒茶时往往是 2/3 杯的量，等客人喝完一部分就马上添加。

在交往中，有些不怀好意的人故意设计圈套或者陷阱，用以侮辱对方，使对方的尊严受损。这时当事人应该机智地反击，以维护自己乃至国家和民族的尊严。

从言语交际来看，言语的表达方式是多种多样的，没有固定的模式。言语的灵活运用需要交际者具有较高的修养，如懂得运用哪种语气，采用何种句式，选择什么言辞，避讳什么，张扬什么，等等。良好的语言素养、广博的文化知识、灵活的应变能力，会使交流变得轻松，进而激起对方的交流兴趣和热情，达到预期的交际效果。

（四）机敏原则

机敏原则是指在交际中针对各种具体情况机智灵活地实施具有策略性的语言和行为，以回避正面应对某些问题，避免尴尬局面的发生，或者维护个人的人格和国家、民族的尊严等。这种语言和行为的实施往往是以交际者具有良好的应变能力和谋略为基本条件的。机敏原则在日常交往和外交事务中的重要性显得尤为突出。

（五）尊重习俗的原则

不同的国家、民族、地区、社会群体有不同的文化结构和文化内容。每一种特定的文化模式，都会受到各国、各民族、各地区和各阶层等多种因素的影响。其中，有物质环境的影响，如气候、地理条件、资源和人口等；也有社会环境的影响，如科学技术的发展、社会制度的特点、意识形态和外来文化等。这众多的不同构成了文化上的习俗差异。在交际过程中，交际双方要尊重并适应这些习俗差异。

四、跨文化交际能力

20 世纪 60 年代末 70 年代初，美国社会语言学家德尔·海姆斯（Dell Hymes）提出交际能力的概念，他认为交际能力包括掌握语言形式规则和掌握语言使用的社会规则。

交际能力涵盖了用母语及外语进行交际的能力，包括以下几个方面：①可能性，即是否符合语法规则，是否在形式上可能；②可行性，即某些语言是否能够付诸实施以及实施的程度；③恰当性，即话语是否已经付诸实施以及实施的程度。与母语交际不同，外语交际的双方往往存在文化差异，不同的文化有不同的交际规则。不同文化背景的人在一起交际时，就有可能由于文化背景的不同而产生误解，甚至发生交际冲突。

跨文化交际能力可分为交际能力和跨文化能力。交际能力包括语言能力、语用能力和策略能力，三者相互联系，相互制约，协调工作。跨文化能力包括对文化差异的敏感性、宽容性以及处理文化差异的灵活性。诸如语言、饮食、穿着等表层文化差异可以被简单地识别出来，而态度、观念等深层文化差异不易直接观察到，需要特别的训练才能习得。

在培养跨文化交际能力时，必须从低到高，循序渐进，要从提高学生对文化差异的意识开始，进而端正学生对文化差异的态度，使他们能够理解、尊重交际对象的文化，还要训练他们处理文化差异的技能和技巧，使他们在进行跨文化交际时，交际行为符合交际语境中交际对象的社会文化规范和行为期待，举止大方得体，以便顺利实现交际目标。这对学习者来说是一个挑战，对对外汉语教师来说更是一个严峻考验。这就要求对外汉语教师加强自身学习，不断更新知识，拓宽视野，提高自身跨文化交际的能力和素养，切实搞好跨文化交际能力教学。

第三章 对外汉语语言要素教学

第一节 对外汉语语音教学

语音是语言的物质外壳，是人们学好一门语言的重要因素。而汉语作为一门有声调的语言，给很多留学生学习汉语带来了很大的困难，他们中的许多人即使学了很长时间的汉语也仍然会把汉语说得"洋腔洋调"。所以语音教学应贯穿对外汉语教学的整个过程，在整个教学中占据重要的地位。

一、对外汉语语音教学的主要内容

对外汉语教学指的是针对不以汉语为母语的人群的语言教学工作。对外汉语教学就是要提高这类人群的汉语交流水平，让他们能流利地使用汉语进行交流。

语音是掌握一门外语的基础和根本，语言是通过语音实现口头交流的，由此可见语音教学在语言教学中的重要性。语音教学作为语言教学的基础，主要强调发音练习和对基础知识的掌握，只有充分掌握了这两项基本技能，才能在后续的学习过程中更深入、更透彻地领悟汉语的精髓。

叶军先生在汉语音系的总体框架上，参考了外国学习者的学习重点和难点，以及汉语言语运用中的音位负载和容错度，提出了一份"语音教学项目的初步设计"，主要包括：

（一）韵母

①单韵母 a。

②单韵母 o 和 e（唇形的圆展）。

③单韵母 i 和 ü（唇形的圆展）。

④单韵母 u 和 ü（舌位的前后）。

⑤单韵母 -i（zi、ci、si）和 -i（zhi、chi、shi、ri）（与 z、c、s 和 zh、ch、sh、r 一起学习）。

⑥单韵母 er。

⑦单韵母 ê。

⑧复韵母 ai、ei、ao、ou。

⑨复韵母 ua、uo、uai、uei、ia、ie、iao、iou、üe。

⑩鼻韵母 an、ang。

⑪鼻韵母 en、eng、in、ing。

⑫鼻韵母 ang、eng。

⑬鼻韵母 eng、ong。

⑭鼻韵母 ian、iang、uan、uang。

⑮鼻韵母 uen、ueng、ong。

⑯鼻韵母 in、iang、ün、üan。

⑰复韵母 uo 和单韵母 o。

⑱复韵母 ou 和单韵母 o。

⑲元音的松紧。

（二）声母

①塞音 b、p、d、t、g、k（送气问题）。

②塞擦音 z、c、zh、ch、j、q（送气问题）。

③舌尖前音 z、c、s 和舌尖后音 zh、ch、sh、r。

④舌尖后音 zh、ch、sh 和舌面音 j、q、x。

⑤鼻音 m、n。

⑥擦音 f、h。

⑦擦音 r 和边音 l。

⑧鼻音 n 和边音 l。

⑨z、zh 和 r、j 和 i（清浊问题）。

（三）声调

①单字调（四声）。

②上声（第 3 声）和阳平（第 2 声）。

③阴平（第 1 声）和去声（第 4 声）。

④二字连调：20 个模式。

⑤二字连调：包含上声的连调组。

⑥三字连调。

⑦四字连调。

（四）音节

①r 声母与开口呼韵母相拼。

②-i（zi、ci、si），-i（zhi、chi、si、ri）与 i（尖团问题）。

③ri 声母和 yi。

④儿化。

⑤鼻音结尾音节与后接零声母音节（音节界限问题）。

⑥"啊"的音变。

⑦"一""不"的变调。

⑧轻声。

（五）汉语拼音方案

①拼音认读。
②ju、qu、xu（ü 的拼写规则）。
③-iu、-ui、-un（iou、uei、uen 的拼写规则）。
④字母 i 的读法。
⑤字母 e 的读法。

把这份"语音教学项目的初步设计"看成一张清单，即需要进行的教学内容的一览表，这就是语音教学大纲大致应该包含的内容。

二、对外汉语语音教学的方法

语音课堂教学一般由展示语音、指导发音、发音训练三个环节组成。展示语音主要是教师通过示范使学生对要学习的语音有一个初步感知。在此基础上，指导发音这一环节的主要任务是帮助学生正确、有效地掌握发音的方法。发音训练是语音教学中最重要的环节，要真正掌握汉语语音，就必须通过大量的训练，才能逐渐形成新的语音习惯。在语音课堂教学中，前两个环节约为一节课时的 40%，语音训练的时间往往要占整节课时的一半以上。为了避免语音学习中的单调枯燥，提高学习效率，应该从实践中总结出一些行之有效的教学方法，下面就分别进行简单的介绍。

（一）合理安排教学顺序

现在多数对外汉语教材是按《汉语拼音方案》的排列顺序进行教学的，其排列顺序并没有考虑学习难度，不符合由易到难的教学原则。教师需要在教学实践中遵循由易到难的原则，合理安排教学顺序。

教师应该先教 s、z、c，再教 sh、zh、ch；先教擦音，后教塞擦音；先教不送气音，后教送气音。这样教，既考虑到发音部位的由易到难，又考虑到发音方法的由易到难，能够收到更好的教学效果。

这样的教学顺序实际上也是遵循了对比性原则。根据观察，许多语言的辅音都有舌尖前音，没有舌尖后音；许多语言都有擦音，但不一定有塞擦音。因此，先教 s、z、c，再教 sh、zh、ch，对大多数国家的学生来说比较合适。

还有汉语的声调，这是汉语语音学习的难点。从生理上讲，第一声的高平调，声带松紧没有变化，最容易控制。第二声的中升调，声带由松到紧，第四声的高降调，声带由紧到松，都有一定难度。第四声比第二声容易，可能是由紧到松的过程比由松到紧容易。而第三声的降升调，声带先由紧到松，再由松到紧，最难控制。根据教学实践发现，第一声最容易，第四声、第二声次之，第三声最难。根据学习难度，遵循由易到难的原则，教师应该依照第一声、第四声、第二声、第三声的次序分别教这四个声调。

（二）分阶段教学

语音教学要"点—线—面"结合，从音位到音节，再从音节到音节组合。开始阶段是集中语音教学阶段，主要是以音节作为基本单位进行训练，本阶段要将声母、韵母等一个一个地教给学生，如送气声母和不送气声母的区别。以音节为单位进行教学操练，学生容易听辨，容易发音，容易记忆，声调的教学更是如此。

在集中语音教学结束后，就要注意以交际的句子为基本单位进行语音教学。要让学生在语流中掌握汉语语音各类音变现象，如连读变调，"一""不"的变调，"啊"的不同发音，等等。避免出现单独一个音节发得很准，但整个句子发音却非常别扭的情况。

这里说的分阶段并不是绝对的，事实上，在教学的各个阶段都要注意"音位—音节—音节组合"的相互关联，只是侧重点有所不同而已。

（三）从音素入手，注重音义结合

音素是构成音节的最小单位或最小的语音片段，它是从音色的角度划分出来的。一个音节，如果按音色的不同进一步划分，就会得到一个个最小的、各有特色的单位，这就是音素。例如，"妈"从音色的角度可以划分出"m"和"a"两个不同的音素。音素可以分为辅音和元音两大类。汉语中的声母是由辅音构成的，韵母主要由元音构成，部分由元音加鼻辅音构成。

音素教学，是指在语言教学中从单个的声母音素和韵母音素教学开始，音素学好之后再逐步过渡到音节、词、短语、句子、会话教学中来。音素是语音中的最小单位，教学中要重视音素练习的准确性。但是一味地进行音素的模仿和操练，会带来一定的消极影响。例如，由于表达意义的基本单位是音节，而音素只是构成音节的基本单位，所以过多地进行音素教学会割裂整体与部分的关系。

留学生学会了音素，并不一定就会拼音。从功能和意义出发，教师应该在教学中尽早注意声、韵、调的结合，尽早点明一些音的词义（主要是课文中的生词）。例如，学完"b"和"a"以后，"ba"结合时，要点明"八"的意思。因为从心理学的角度，有意义的学习比机械学习效果好。在理解的基础上学习容易学会，也有助于记忆。

（四）重视语流教学

20世纪70年代，随着句型教学的引进，学界提出了语流教学。语流教学强调在语流中学习语音，语音学习从语流开始。到了80年代，语流教学法被广泛采用。当时的主要依据是：通过语流教学可以解决"洋腔洋调"问题和语流音变问题。

教学中常常出现这样的情况：在学习单个音的时候，学生模仿是没有问题的，但是在把单个的字词连接成句的时候，有些字词的发音在语流中就发生了音变，学生就会感到困难。这表明，仅仅在字词方面教语音是不够的，教师应该注重在语流中帮助学生树立正确的语音意识。

1. 通过语流教语音

学习音节只是一种手段，它的最终目的是正确而自然流畅地说话。仅仅把单个音素或音节的音发得很准，还不能算学好了这种语言。因为发音中有"语流音变"问题。欧美学生的"洋腔洋调"，主要表现在声调、语调和节律上。语流教学的方法是扩展式，即单音→音节→词语→句子，在逐步练习中掌握变调、句重音、节拍、语调等。

2. 通过语流教难音

有些难音（包括一些音素），学生在单独发时常常会发不准，而借助语流找准难音，然后再强化这个音就比较容易。例如，有些国家的学生在发前鼻音"an"时发不准，教师可以在教学中通过发"天安门"的语流，让学生不知不觉中发出"an"来，然后再从语流中剥离出"an"的音让学生体味、练习，直至掌握"an"的发音。

3. 通过语流纠正错误发音

在学生发音时，有些错误的音很难通过单独的强化训练来纠正，如果过分训练，那么学生不但发不出准确的音来，而且自信心也容易受到打击。这时教师最好变换一种方式，把这个音放到语流中去，让学生说一个他熟悉的句子，在句子中纠正他的发音。另外，教师还可以把学生带到全班同学构筑的语流中去，让大家帮助他改正发音。

（五）语音教学形象化

1.图示法

图示法具有直观、生动、形象、快捷、简便的特点。例如，用发音示意图来辨析舌尖后音 zh、ch、sh 与舌尖前音 z、c、s，通过五度声调示意图标明四声的音高以及"一""不"和三声的变调等。

2.口形演示

为了给学生展示形象、清晰的发音要领，可以借助正面口形图进行教学。

上课时，学生可以自带面小镜子，一边看着口形图，一边看着教师的示范，一边模仿。通过正面口形图，学生可以比较准确地把握嘴巴的开口度、是否圆唇、嘴唇的收拢、牙齿露出的尺度等。这种直观又方便的方法，可以帮助学生更加深入地理解每一个音的发音特点，更加准确地发音。

3.手势演示

手势演示是语音教学中教师常用的手段之一。用手势时要注意：一是手势要固定，切忌随机；二是要常用。

四声和轻声是语音教学的重点。在教学中，不同教师会采用不同的方法，例如：许多教师采取带领学生唱四声的办法，从第一声起调，四声连读，重复练习多次，使学生对四声形成一种感性认识。不管怎样训练，都是希望学生能自主熟练地发出这些音来。但是如果过度训练，就会陷入机械操练的僵局。因此，教师在训练四声时最好伴有手势，就像乐队的指挥一样，有一、二、三、四的固定手势，这样学生一看教师的手势就会自觉练习发音、纠正发音。

教师还可以借助手势模拟舌位的变化，例如：手心向下，手臂向前平伸，发平舌音 z、c、s；手心向上，四指并拢翘起，手臂向前向上斜伸，发翘舌音 zh、ch、sh。学生看着老师的手势，控制自己的舌尖，容易把音发好。

再如，j、q、x 发音时要把舌尖下垂，但是学生发这几个音时，常常是舌尖碰到上齿背，发不准。教师可以借助手势，先让学生用左手直立比作下门齿，右手手背隆起，指下垂，比作舌面、舌尖，把右手指尖向左手心插下去，表示舌尖下垂，这样示意可以很形象地发音并纠正错误。

4.夸张法

为了突出汉语某些音的发音特点，适当运用夸张法，夸大音与音、调与调之间的差别，可以帮助学生理解和模仿汉语的发音。待学生发音正确后，再恢复自然的声韵调。例如：

①轻声前的音节故意拖长、加重，然后发出低而短的后一个轻声音节。如桌子、椅子、凳子、拿着、厉害。

②延长音长，增大音量，加强音高对比。例如，发前响复韵母 ai、ei、ao、ou 时，第一个音素的音调都可以延长。

③夸张板书。教复合韵母时，结合发音口型书写板书。例如，iao。

④夸张声调。为了突出某个声调，比平时念得重一些、声音大一些。

夸张法在初级阶段是必要的，但是当学生的水平比较高时，极端的夸张法就不重要了，它仅仅是一种辅助手段。

5.语音教学的趣味性

语音的发音学习非常枯燥，也容易使学生厌烦。所以，教师在教学中要尽量增加教学的趣味性。可采用的方法有：

（1）做游戏

例如，把字母做成卡片发放到学生手中，教师说出一个字母，手持该字母的学生会举起来。

（2）发音和实物结合

例如，"yú"和"鱼"结合，"yī"和"衣"结合等。

（3）绕口令

教师选择绕口令时不宜太多，也不要太长，一般以三五句为好。如"天气热了""宝宝乐了"；"肚子饱了""兔子跑了"等。

6.带音法

带音法是指用一个已经学过的音素或学习者母语中存在的音素带出另一个与发音部位或方法相关的新音素。目前，在教学中常用的带音法有以下几种：

①用 o 带 e。先发 o，然后拖长 o 的音程，嘴角再慢慢向两边咧开，使嘴唇由圆而扁，e 便发出来了。

②用 i 带 ü。先发 i，延长发音，舌头不动，然后嘴角逐渐收缩，嘴唇由扁变圆，缩成一个很小的圆形，ü 就很容易发出了。

③用 s 带 z，再带出 c。

④用 sh 带 r。

7.对比法

这里的对比一般包括两方面：一是通过学生母语与汉语的对比确定重点和难点；二是通过汉语相似音发音部位和发音方法的对比，找到学习的方法。

①汉语中的拼音、日语中的罗马字与英语中的字母都采用拉丁字母，但是在这三种语言中，有时相同的音用不同的字母表示，有时同一个字母又表示不同的音。教师在教学中要通过互相比较，引起学生的注意。

②汉语本身语音要素之间的对比，如鼻音和边音、前鼻音和后鼻音、送气音和不送气音等。

③声调之间的对比。选取的词语最好有区别意义的作用，这样可以一举两得。如："那里—哪里""年级—年纪"。

8.模仿法

模仿是发音训练环节中最基本、最重要的方法，简单易发的音可以通过直接模仿来掌握，难发的音应在理解的基础上自觉模仿，特别是要同前面提到的一些方法配合使用，才能收到良好的效果。

模仿中可采用集体模仿和个别模仿两种形式。集体模仿可以减少学生的紧张感，提高其开口积极性，但不易发现个别问题；个别模仿方便教师了解每个学生的发音情况，并可以进行有针对性的指导，而且可以让其他学生由说到听，减轻疲劳，但缺点是容易让学生产生紧张抵触的心理。因此，两种方式应结合起来使用。

9.多媒体演示法

利用多媒体演示技术，学生能做到耳听、眼看、口练同时进行。因此，在教学条件允许的情况下，教师可以采用一些练习发音的软件，以达到更好的教学效果。

以上介绍的只是语音教学中最常见、最普遍的几种方法。更多适合不同教学对象和教学目的的特殊方法，还有待于每一位教师在具体教学实践中不断探索和总结。

三、对外汉语语音教学中应注意的问题

对外汉语语音教学中应注意的问题主要包括以下几个方面：

（一）在语音教学阶段所花费的时间和精力的多少

要在初级阶段集中时间解决语音的问题，对教师的要求是比较高的。因为语音训练容易让学生感觉枯燥，很容易陷入一种焦躁和不安的情绪中，此时教师的引导作用尤其重要。如果教师采用的教学方法不当，或者对学生的情绪没有进行及时的调整和疏导，学生就很容易产生畏难甚至厌烦情绪。所以，对初级阶段进行语音教学的教师来说，如何顺利完成这个阶段的教学是个不小的挑战。

在语音教学内容的设置上，语音教学所占用的时间的长短实际上反映出了教学理念的不同。要真正掌握语音系统需要相当的时间，能力的培养不可能一蹴而就，了解方案的内容和运用方案的内容之间还有一段距离。在语音上所花

时间的多少，实际上反映了教师对语音教学的重视程度以及对语音教学在整个汉语教学过程中所处地位的理解。这意味着，在语音教学阶段，教师应注意合理安排时间和精力。

（二）重视单音节的发音而忽略了语流音变的特殊性和灵活性

在教学实际中，不同的教师采用的方法不同，在相当长的一段时间内，很多院校采用的都是北京语言大学的展示法。比如，在教音调的时候，教师一般会采用夸张的方式向学生展示四声的发音，并且反复带领学生跟读，以帮助学生找准汉语四声的调值。

初级阶段过于强调四声的单独发音并不利于学生对语调的掌握。重视单音节字的发音固然重要，毕竟单字的发音是语流表达的基础，但不能因此忽略了音节在语流中的特殊性和灵活性。发好了单字的音并未达到最终目的，因此从一开始就应该采取单字和语流的发音训练相结合的方法，从而培养学生的全局观念。会发单字音并不等于自然而然地就能读好句子，而是需要以句为单位进行相应的单句训练，即语音训练需要经过从单字到双音节或多音节词再到单句的渐进过程。

（三）发音错误纠正不及时

发音错误如果不能得到及时的纠正，便可能养成一些不良的发音习惯。语音阶段是学习者的入门阶段，教师在这个阶段除了要注意结合语流教学，还要注意及时纠错。这里的纠错实际上是帮助学习者及时调整自己在语音阶段学习和操练过程中出现的偏差，当学习者还不具备自我纠偏的能力时，来自外界的纠错行为就显得尤其重要了。如果在语音的确认阶段不能帮助学习者找到正确的语音形式，则学习者会把错误的语音当作正确的语音固定下来。

第二节　对外汉语词汇教学

一、对外汉语词汇教学的内容

词汇是语言的建筑材料，缺少了词汇，就不能产生完整的句子，没有了完整的句子，语言交际也就会成为问题。因此，词汇越丰富，语言本身也就越丰富，表现力也就越强。在对外汉语的词汇教学中，仅仅锻炼学生的词汇记忆是远远不够的，还应包括以下几个方面的内容：

（一）词语的形、音、义

这是最基本的教学内容，也是一直以来最主要的教学内容。

（二）词语的用法

在教学中，教师不仅仅要讲清楚词语的形、音、义，还应该讲清楚词语的用法，即词与词的搭配以及搭配时应该注意的问题，并且要通过大量的练习来让学生掌握词语的用法。

（三）构成词语的语素的意义

汉语词汇是一个有层次的系统，语素是词汇系统的核心，是最基本的、稳定可控的因素。汉语词汇大多以单音节语素为构造单位，按照一定的构词法结合而成，语素意义与词义之间有着千丝万缕的内在联系。大多数语素在构词时意义基本保持不变，即使有少数的变化也是有规律可循的。因此，语素是汉语词汇教学的一个重要内容，抓住了它就抓住了汉语词汇的一个根本点。

（四）汉语的构词法

汉语的构词法自成系统，且与句法在组合结构上有相当的一致性。现代汉语合成词的结构可以概括为并列式、偏正式、主谓式、支配式（动宾式）、述补式、附加式等类型，每种类型都可以联系一大批词。学生掌握了语素的意义和构词法，就可以更加深入地理解词义，并可举一反三地学习新词，扩大词汇量。复合词中特殊的一类——离合词的构成特点，应作为教学的重点。其原因有三：离合词数量众多，据统计有 2,500 条以上；离合词出现频率高、出现时间早，基础阶段的学生就开始经常使用；留学生使用离合词时出现的错误多。

（五）词语的语境知识

词汇知识不仅指各种定义知识，还包括语境知识。学会一个词是掌握定义知识和语境知识的连续过程。尤其是一些多义词、近义词和虚词的教学，更要在一定的语境中进行，这样才能使学生更清楚地了解多义词的不同义项之间，以及近义词之间的意义、用法差别等。

（六）词语的文化意义

词汇是和文化关系最为密切的语言要素，词语的文化意义就是通过词的意义和形式所反映出来的汉民族文化。张占一将文化分为知识文化和交际文化，知识文化是不影响交际的，而交际文化则指有可能引起偏差和误解的文化因素。留学生学习汉语是为了进行交际，因此对外汉语教学应重点研究词语的交际文化义。交际文化义离不开跨文化交际的语言环境，需要通过对比才能揭示出来。在对外汉语教学中，教师需要了解学生的民族文化，并把它与汉民族文化进行对比，交际文化义的揭示应该有一个循序渐进的过程，应该把语言知识的传授与交际文化义的揭示有机地结合起来。

二、对外汉语词汇教学的方法

（一）直接法

直接法就是要借助直观的手段来帮助学生进行词汇的学习。对于刚开始学习汉语的学生来说，可以用一些比较直观的教具来帮助其进行学习。这是因为，人们感知的信息材料越直接、越具体，获得的印象就会越深刻，记忆的效果就会越好。比如，在讲水果、桌子、椅子这些名词时，教师就可以给学生带来一些实物或者直接指出实物，而对于一些具体的动作，如"跑、跳"等，教师可以通过示范来表示。总之，对于一些比较简单的词语，用直观的方法进行教学不但可以加深学生对词汇的印象，同时也可以使学生正确且全面地理解汉语词汇的含义。

（二）翻译法

由于母语和目的语存在着一定的差异，因此对外汉语教师在进行词汇教学时，不能完全"等价"地进行翻译，如"如果、即使、是否、假如"都可用"if"来翻译，但是"如果、即使、是否、假如"这几个词内部仍存在着不同，因此翻译法只能适用于那些母语与目的语对应较为明显的词语。

（三）比较法

比较法就是通过对比的方法帮助学生加深对所学生词的理解，也就是利用同义词、反义词进行比较，在比较中发现差异。同义词是意义相同或相近的词语，教师在讲解生词时可选择与之相近的词语来进行对比，以此来加深学生的理解与记忆。而反义词类比就是将生词与它相对应的反义词进行比较，也可以加深学生对两个词语的理解。

三、对外汉语词汇教学的原则

首先,对于词汇的教学,教师要按照由易到难、由简到繁的规律来进行,这样不仅能扩大学生的词汇量,还可以起到培养学生兴趣的作用。教师应遵循从简到繁的原则,可以先选择那些学生熟悉的词语进行讲解,这样可以使学生更容易接受。例如,围绕与"开"字相关的词汇进行教学时,可以先组成"开门""开车""开灯"这样的词语,但是如果教师一开始就教学生"开价""开发"这样的词语,就可能不易被学生理解。

其次,词汇的教学还要与句子相结合,即在一定的语言环境中融入词汇的学习。在语言环境中正确使用词汇,才是词汇教学的最终目的。

最后,词汇的学习还应加强复习,以减少遗忘。由于汉语的词汇量很大,所以要不停地进行复习。根据赫尔曼·艾宾浩斯(Hermann Ebbinghaus)的遗忘曲线,一般来说,学习过新词后及时进行复习便可加强记忆。因此,在给学习者留下深刻的印象之后,一定要及时并有目的、有计划地安排多种多样的复习。

四、对外汉语词汇教学中应注意的问题

(一)主次分明,切忌面面俱到

教师在讲解词汇时,对于同一节课中的不同生词,教师不能面面俱到,要根据重难点,有侧重地进行讲解。

词可以分为名词、动词、形容词、副词等。在教学中,词汇的种类不同,侧重点也就不同,教学方法自然也不相同。

动词的讲解,应注意合理的搭配与恰当的使用范围。例如"维持"和"保

持",都表示持续或让状态继续存在的意思。但"维持"后面所带的宾语是表示最低程度的,如"维持生活""维持关系";而"保持"所带的宾语其程度一般比较理想,如"保持健康""保持记录"。这两个词应该如何进行正确的搭配,是讲授的重点。另外,动词的语用范围也很重要。如:对于"下榻"和"会晤"这样的词,教师就要告诉学生,这是两个文言色彩浓厚的词,必须用于郑重的场合。

名词的讲解,应注意与其连用的量词和动词。汉语的量词也是学生学习的难点,如果在讲名词的时候,就给学生讲清楚和什么量词连用,他们就会慢慢地习惯并接受。如讲"烟"时,教师就可以准备一条烟作为道具,依次给学生展示"一条烟""一盒(包)烟""一支(根)烟",这就会让他们学习起来更容易一些。名词与恰当的动词搭配,也是名词学习的重点。如:"烟"可以说"抽烟""吸烟"。所以,教师不仅要讲解"烟"的含义,还要告诉学生它的用法。

形容词的讲解,应注意与其近义词的区别。汉语中有很多形容词可以表示相同或相近的意思,但是实际运用中又存在细微的差别。这些差别是学生掌握时的难点,也是教学的重点。如"孤独"和"寂寞"都表示独自一人,从语言上讲,"寂寞"更多的是突出环境的影响,往往是因为形单影只而觉得寂寞;而"孤独"则更强调心理的因素,在很多情况下是别人的亲密使得自己觉得孤独,是一种心理上的落差。一个人在安静的地方,会觉得寂寞当然也会觉得孤独;而在一个热闹的地方,人不会觉得寂寞,但可能会觉得孤独。这样学生在使用时就可以准确地选出正确的词语,不会出现错误。

副词是词汇教学的重点,也是难点。教师在讲解时要注意副词使用的句类,如"或者"一般只用于陈述句,而不用于疑问句;注意副词修饰的词类,并注意音节,如"过"只能修饰单音节词语;注意肯定和否定,如"万万"只能用于否定式,与之近义的"千万"既可用于否定式又可用于肯定式。

另外,一个词有多个义项,一定要先着重讲解这个词最常用的意义和最重要的用法。特别要根据不同的阶段来判断教不教、教多少。在初级阶段，最好只教课文中出现的意义和用法，以免引起学生的误解，给他们造成更大的负担；到了中高级阶段，就可以适当地扩充，帮助学生进行归纳和总结。在对生词进行扩展的时候，一定要倾向于比较常用的，不能脱离课文讲得过多，不要喧宾夺主。

讲解词语一定要有针对性。对于一些词语，学生已经了解了它们的含义，但是一应用就会出现各种错误，这说明这些词语的用法不好掌握，所以教师就应该重点讲解这些词语的用法。

此外，方言词进入普通话以后为广大人群所使用，所以也应要求学生掌握其含义，其中常用的方言词还需要着重介绍。如"发烧友""炒鱿鱼"等。

（二）讲练结合，以练为主

学习词汇的最终目的，还是要让学生在实际交际中运用。所以教师要切记，词语的讲解和练习要有机地结合起来进行，要以练习为主。特别是表达练习，更应成为练习中的重点。很多时候只有通过学生在表达练习中出现的问题，教师才能更有针对性地进行讲解。

例如，在讲解"稍微"这个词时，学生知道它表示数量不多、程度不够，就说出这样的句子："这双鞋稍微大了。""我稍微等，他没来，所以我走了。"教师就可以根据学生句子中出现的错误来补充说明，"稍微"后面的动词或者形容词后面应该加上表示少量的词语，如"一点儿""一下""一些""一会儿"等，动词还可以用重叠的形式来表示。这时学生就会自觉地改正句子："这双鞋稍微大了一点儿。""我稍微等了一会儿，他没来，所以我走了。"到了中高级阶段，比较之后的辨析练习和表达练习更为重要。如果不辨不练，就很难判断学生是否真正理解，是否会用。

所以，在词汇教学中一定要把大多数的课堂时间留给学生，要想尽各种方法来促使学生积极地参与练习，这样才能真正提高他们的交际能力，也才能提高词汇教学的实际效果。

（三）及时归纳，帮助记忆

随着词汇教学的深入，学生掌握的词汇量会越来越多，这时教师可以对词汇进行归纳与总结。这样做，不仅可以对词汇进行复习，加深记忆，还可以查缺补漏，把之前课文中来不及讲解或者遗漏的地方补充进去，有助于学生全面掌握一个词的所有用法。

另外，同一个词可能有多种用法，不同的用法一般不会一起学习，开始的时候一般只会学习词语的基本意义和在课文中的含义，随着课文难度的增加，掌握的词汇量的增加，同一个词就会出现多种不同的用法，这时教师就应该对该词的所有用法做一个总结，方便学生理解、记忆并灵活运用该词进行遣词造句。

（四）适当引入新词新语和字母词语

由于社会的发展、科学技术的进步和对外交往的扩大，汉语的词汇也在不断地发展变化。新词、新语不断地出现，一些旧词也被赋予了新义。这一类词在日常生活中经常会遇到而教材中却未收录，对于大部分外国学生来说，这一类词会造成阅读和交际的障碍。所以，在课堂上教师有必要选择一些信息量大、使用频度高的新词、新语进行简单的讲解。例如，与社会政治、经济、文化背景有关的"垃圾分类""冰墩墩/雪容融""不忘初心""共享经济"之类的词语；与外来文化有关的"颜文字""脱欧"等词语。

近年来，随着中外科技文化交流的增加和外语教育的普及提高，字母词语开始以其简明醒目的特点，大量涌入人们社会生活的方方面面。因此，教师也应在词汇教学中关注这类词语。一些字母词语与其所对应的汉字词语存在着共用、互用的现象。这可能给留学生的阅读和交流带来困难。所以，教师在阅读课和口语课的词汇教学中，尤其要注意字母词语的使用。当然，一定要谨防误选、滥教，要选择教授那些简明的和常用的字母词语。这样才是从学生的角度出发，真正减少他们交际中的困难和焦虑，使汉语学习更实用。

第三节 对外汉语语法教学

一、对外汉语语法教学的内容

（一）汉语本体

汉语本体包括语素、词、词组、句子和语篇这五级语法单位。其中，词、词组和句子是语法教学最基本和最核心的内容。

1. 语素

在过去大部分的对外汉语教材或课堂教学中，人们并不重视语素在汉语语法教学中的价值，而是把词当作最低一级的语法单位。随着语法教学研究的不断深入，人们逐渐认识到语素在汉语语法教学中具有的独特价值，因而有学者开始强调语法教学要向语素层面延伸。一方面，大量的汉语词汇是由有限的常用语素通过复合法或派生法构成的，并且这些常用语素有的本身就是单纯词；另一方面，汉语的复合词又同大部分的短语具有基本一致的语法关系。这就为在有限的语素和构词法基础上较快地扩大学生的词汇量，让学生较为透彻地理解汉语的句法规则提供了有利的条件。因而，把语素教学纳入汉语语法教学的系统之中是十分必要的。

2.词

词是语法教学的核心内容之一，是组词造句的基础。在词的层面，主要的教学内容应当是词类问题。词类问题应当包含三个既相互联系又相互区别的方面：词类划分、词性确定和兼类词的辨认。词类是词的语法性质的分类。根据王还先生主编的《对外汉语教学语法大纲》，汉语的词可划分为名词、代词、数词、量词、形容词、动词、助动词、副词、介词、连词、助词、叹词和象声词，共 13 类。词性是一个词的语法属性，是依据其在结构中表现出来的语法功能而确定的。如"友好"，具有形容词的语法属性，即为形容词。词性是给一个词归类的依据。由于汉语的词没有形态变化，很多词所能担当的句法功能并不单一，因此词性的确定就一直成为语法研究和语法教学中的一个大难题，也正因为如此，汉语的词便存在着不少兼类现象。如：名词和动词兼类（如"锁"），名词和形容词兼类（如"困难"），动词和形容词兼类（如"滑"），名词、动词和形容词兼类（如"便宜"），形容词和副词兼类（如"实在"），动词和介词兼类（如"比"），介词和连词兼类（如"跟"），等等。汉语词类问题是语法教学中一个不可回避的实际问题，比如在对外汉语教材或工具书中标不标词性，怎样标词性，标什么词性等。不同的词类有不同的语法特征，有不同的语法要求，这些对于外国学习者理解和掌握汉语的结构规律都是至关重要的。

3.词组

在汉语语法教学体系的建构中，有不少人主张"词组本位"，足见词组在汉语语法结构系统中处于多么重要的地位。词组是词与词组合而成的语法单位，它可以自由地充当句子成分，汉语的大多数词组加上一定的语调就可以成为句子。因此，汉语的词组在整个语法系统中实际处于中心的地位。汉语词组从结构关系上看，可以分为联合词组、偏正词组、补充词组、动宾词组、主谓词组、方位词组、数量词组、介宾词组、"的"字词组、复指词组、连动词组、兼语词组、固定词组等。如果从词组的句法功能看，可以把它们分为名词性词组、动词性词组、形容词性词组等类型。研究汉语词组的结构关系、功能类型及其成句条件,特别是不同句型对不同词组的选择要求,是对外汉语语法教学的重要研究课题。

4.句子

句子是语言里最基本的表述单位,一个句子表达一个相对完整的意思。对外汉语语法教学最直接的目的就是教会外国学习者学会说出并理解汉语的句子。对句子的组成规则、句子与句子之间的关系以及句子与语篇的关系这三方面的研究和教学,便成为对外汉语教学语法最重要的任务之一。事实上,关于句子的研究成果是最为丰富和深入的,教师可以从句子功能、句子成分和句子结构这三个方面来对汉语句子进行比较全面的认识。

5.语篇

语篇是指在言语表达中有一个明确的中心思想贯穿、在结构上相互关联而意义上密切联系的一组句子组成的或大或小的段落、篇章。在一个语篇中,句子与句子之间有并列、选择、总分、解说、因果等各种语义关系。实践证明,对于外国学生来说,汉语语篇教学是非常必要的,汉语语篇教学和研究仍然任重而道远。

在对外汉语语法教学过程中,要在短时间内掌握一门外语,以达到交际的目的,必须明确知道哪些语法是必须掌握的,哪些语法是基本的,学生掌握这些语法之后,能够提高语言交际的水平。

(二)对比汉语和外语的语法特点的异同

在教学过程中,比较两者在语法上的不同点,能够激发学生的兴趣,也有助于学生理解汉语语法。例如,汉语中存在词序问题,这些问题实际上与英语语法相似。但是,在定语位置方面,英语有时会把定语放在中心语之后,以避免过于头重脚轻。其实,这并不难理解。它与古代汉语定语后置有一些共同之处，因此在理解上没有很大的冲突。总之，借助母语语法特征进行第二语言语法教学，能让学生更容易理解和掌握。

（三）针对学习者经常遇到的语法错误

学生应该准备一个纠错本，记录下经常遇到的学习问题，教师可以根据这些问题重点讲解。教师还需要仔细观察每个学习者的行为，总结出他们经常犯的语言错误，然后在下节课时着重强调和讲解，这样学生才能取得更快、更大的进步。

二、对外汉语语法教学的原则

（一）实用原则

这一原则主要体现在对教学内容的选择上，也叫"针对性原则"。选择那些对于第二语言学习者来说最容易发生错误的部分，即最有教学价值的内容；讲解其基本性和常用性的内容；讲清使用上的适用条件和限制条件。一般来说，越是能体现汉语语法特点的东西，越是学习者不易掌握的东西。例如，在句法方面，语序、多项主语、多项状语、各类补语的用法、特殊句式（如"把"字句）、动作的形态以及一些常见的口语格式和多重复句的语义关系等问题都是学生的难点，也是教学的重点。

（二）简化原则

将繁复的、抽象的语法内容作简洁的、浅明的、感性的、条理化的、图示化的等教学处理；避免浪费性重复；上课语言浅显、具体，不用或尽量少用术语概念。对外汉语语法教学最难办的就是把那些研究得较深、较难的问题，用外国学生能够理解和接受的、浅显而明白的语言讲出来，并采用适当的方法让他们理解和会用。要做到这一点，首先要经历在深入研究汉语语言本体的前提下反复咀嚼和内化的过程，使所教内容科学地浅化和简化，无论是在语法项目展示方面的感性化、条理化、公式化、图示化，在对语法内容取舍上的层级化、合理化，还是对学术概念和定义的处理方面的简省化、具象化，都体现出以理论语法知识与研究为深层底蕴，并将其融会贯通，使语法教学精细适宜的特质。这样做既准确地把握住了汉语语法的特点、学生学习的难点，又切中了对外汉语教学的要害，不仅用浅显的语言解释了复杂的语言现象，还使学生易于领会和使用。

三、对外汉语语法教学的方法

语法教学的方法是多种多样的，概括起来有以下几类：

（一）显性教学和隐性教学

语法教学可以用显性的方式进行，也可以用隐性的方式进行。明示的、详细讲解语法规则的教学是显性语法教学；隐蔽的、在学生不自觉的状态下进行的语法教学是隐性语法教学。不管是显性教学还是隐性教学，都是教语法，只是语法教学的方法不同罢了。从隐性教学到显性教学，构成了语法教学明显度/明晰度由低到高的不同语法教学方式的连续体。

（二）演绎法

所谓演绎法，就是先讲解语法规则，再列举例子，然后让学生按照规则进行操练和应用。这是一个从一般到具体的过程。比如，教"把"字句时，教师可以先告诉学生"把"字句的谓语动词后一般要有其他成分，然后让学生做一些完句练习、改错练习等，以强化学生对这条规则的认识。

（三）归纳法

所谓归纳法，就是先让学生接触具体的语言现象，培养学生具备初步的语感，然后引导学生从这些具体的语言材料中归纳概括出语法规则。这是一个从具体到一般的过程。比如，对于汉语虚词"就""才"等的意义和用法，教师可以先通过课文让学生多接触，等学生有了一定语感或者说感悟后，再进行总结提炼。

（四）类比法

所谓类比法，就是从具体语言材料到具体语言材料，它既不同于归纳法，也不同于演绎法。它是把语法规则归结为若干句型，把句型具体化为一些范句，先让学生接触范句，然后进行模仿、操练。类比法也叫句型法，如常见的句型替换练习。

（五）先学后用和边用边学

所谓先学后用，就是遵循"教师教—学生操练—自由表达"这样的程序进行教学，让学生先熟悉形式结构，再运用该结构进行自由表达，从形式到内容，从机械性练习到交际性活动，逐步深入。

所谓边用边学，就是让学生在用中学、做中学，把语言作为交际的工具，而不是教学的对象，引导学生在使用语言的过程中学习语言的使用。它是以内容为核心的，但不否定语言形式教学的必要性，主张在以内容为核心的前提下，适当地兼顾语言形式。

第四章　对外汉语语言技能教学

第一节　汉语听力教学

一、影响汉语听力教学的内外部因素

（一）外部因素

1.文化环境

文化背景不同会导致课堂教学中存在多种多样的问题。学习语言需要学习文化，教授语言不仅要传播文化，还要以包容的心态理解、尊重其他文化。在初级听力课堂上的听、说、读、写直接与文化习惯挂钩，因此在上课之前，教师应该做好功课，了解不同文化背景下学生的风俗习惯，避开各种文化禁忌，多关注双方的文化共通点，努力营造一个平等和谐的多元文化环境。

2.课堂环境

具体的课堂环境包括两方面的内容：一是音质环境，二是课堂语言环境。如今的听力课堂离不开多媒体设备，各种语音材料的效果和教室设备的品质对听力理解有很大的影响。特别是录音材料的音质和现实环境中的听力效果有着很大的不同。录音材料是正规标准的汉语发音，在节奏、读音等方面都有着严格的要求，录音者必须咬字、发音清楚，语速适宜，要适合汉语学习者学习的实际情况。而在真实的语言环境里，则可能有方言色彩浓厚、发音不清晰、模

糊音多等许多问题，这容易使初学者产生较大的心理负担，挫伤他们的学习积极性，所以在听力教学活动中，应该与现实的语言环境相联系，加强现实化的模拟练习，让学习者的听力学习更有实用性。

课堂上教师和学习者、学习者和学习者之间的教学用语也对听力学习有很大的影响。对学习者听力能力的培养来说，一个全汉语的课堂环境比起全母语的课堂环境肯定更为有利。不过，由于学习者基础有限，初级听力课堂一般会较少使用汉语，多用学习者母语或者中介语来便于学生理解，提高教学效率。

3.目标要求

对学习者听力学习的目标要求也影响听力课的教学效果。教学目的不同，具体的要求就不同。这些要求有时在于对听力内容的整体语境和意义的把握上，有时只要求对关键字词或者语句的捕捉。对于学习程度不同的学习者，听力教学的目标也不尽相同。一般来说，初级听力教学只要求拥有简单对话的听说能力，中级听力教学要求更高难度的词汇和语法实力，高级听力教学则要求有学术性的或者更加生活化的听力能力。例如，在汉语水平考试中，听力方面的题型就反映出听力教学的不同目标。在教学实践中，教师应该因时制宜，在不同教学阶段，对待不同基础的学习者，把握不同的教学重点，这样才能节省课堂时间，提高教学效率。

4.难易程度

听力内容的选取会对听力教学产生至关重要的影响。听力材料如果难度过高，包含过多的生词和有难度的语句，就会影响学习者的学习效果。尤其是对于初学者来说，一旦伤害到其学习的积极性和自信心，就会影响其整个对外汉语学习的效果。相反，如果听力材料过于简单，也不利于学习者进一步学习汉语，容易削弱学习者的课堂参与度，甚至其学习汉语的热情。所以，对于听力内容的难易程度，教师需要及时把握、适时调整。在一般情况下，应该选择难易程度适中的、与学习者的日常生活或者理解范围有关的内容。

对于初学者而言,听力内容应主要取自初级交际会话,这有两个方面的好处:一方面便于学习者理解(如果学习者在中国生活,则还能帮助其应对基本的生活问题);另一方面,这些与基本生活有关的日常对话更能培养其汉语语感,有利于汉语学习。

(二)内部因素

1.学习动机

一般认为,学习动机不强会削弱学习的兴趣,降低其学习的效率,然而学习动机过强不利于学习成果的保持,还会影响到学习的持续性和长久性。

2.认知风格

认知风格是心理学中的一个概念,它指人们感知世界的方式。个体的认知风格主要是指场依存性和场独立性。场依存性比较易于感知事物的整体,而场独立性强调从整体中感知个体。在学习吸收时,场依存性偏重形象思维,要求教师组织结构严密的教学,提供条理清晰的讲授提纲,进行系统而明确的讲解;场独立性逻辑倾向较突出,学习上不是很关注教学结构的完整性,自己能够独立地对教学材料进行整理和结构化。很难说哪一种感知方式更好,这要视具体的学习任务而定。认知风格不代表个人的性格和能力,通过对认知风格的观察教师能了解学生的学习风格、学习方法和学习兴趣等。不同的学习者个体会有不同的认知风格,而他们特有的认知风格会影响他们学习的过程和结果。每个人的认知风格往往是固定的,而培训可以帮助学习者发展其风格偏好。教师了解学生的认知风格,学生了解自己的认知风格,都有利于在具体的教与学过程中找到彼此最适合的方式,实现教学效率的最大化。

二、听力教学的内容

（一）辨别分析能力的训练

在初级阶段可以进行听辨音素、声调、音节以及辨重音、语调等训练。在更高层面上，可以从背景杂音和各种干扰中将非言语因素滤去，辨出真正需要接收的言语信息。此外，还要训练从带有方言的普通话中滤去干扰理解的因素。在听力教学中对语音感知训练主要是为理解意义服务的，而不是为练习发音服务的，尽管这两者是有关联的。教师要特别注意训练学生辨认或者说切分连续话语中的词界，因为这对理解意义是十分重要的。

（二）记忆储存能力的训练

可以通过重复练习等手段来增强学生的长期记忆储备（如汉语及文化背景知识储备等）和需要时迅速调用的能力。

（三）联想猜测能力的训练

对于解码过程而言，联想猜测能力是一项极其重要的能力。对汉语和中国文化的了解决定了学生对中国人的行为模式、思维方式、价值观（价值评价）以及对某个事件的发展趋向等的预判力和联想力。在这类训练中，教师需要通过一定手段和方式启发诱导学生，使他们对听力材料产生意义之间的联想，让学生的认知方式发生各种正迁移，以提高学生根据上下文跳越生词和语法障碍的能力。经常作听前预测，并将听的实际材料与预测进行比较，并进行词义猜测等练习（比如词内语素联想、上下文同义词语联想判断等），可以帮助学生掌握从上下文推测意义、听后猜测言外之意的技巧。

（四）快速反应能力的训练

多听采用正常语速的听力材料，并要求学生对听力材料作出快速反应，时间方面的限制可以加速学生信息加工自动化方式的形成，使他们尽早地摆脱以母语为转换理解媒介的习惯。快速判断正误，快速回答问题，听命令完成动作等是常用的方法。

（五）边听边记能力的训练

在中国实际生活的需要，以及学习（记课堂笔记、讲座等）和考试的要求，使得边听边记能力的提高已受到大多数学生的重视。要培养学生在听完一段材料后，能记下人名、地名、时间、主题、事况、观点和数字等的习惯，尤其是要养成记重点、要点的习惯。从练习的角度讲，听写、听后完成句子、听后填图表、听后写大体内容等都是具体可行的方式。

（六）听后模仿能力的训练

模仿练习是从较为简单的言语单位向较为复杂的言语单位延伸的，这是一种相对较为机械的训练，但也有助于听、说能力的提高。除了准确模仿发音，还要模仿重音、停顿、语气、语调等超音段成分。

听能帮助模仿，而提高听后模仿能力也能促进听力水平的提高。在进行听后模仿训练时，教师需要注意纠正学生单纯地"鹦鹉学舌"，不顾意义内容的情况。

（七）检索监听能力的训练

这种训练是要让学生时时意识到自己的听的行为、听的过程，认识到自己在采用什么策略听，集中注意力完成听的任务，并根据听的任务不同，及时调整自己听的策略和方法。要训练学生如何抓住关键信息，排除干扰信息，把握听力的方向，不要把注意力纠缠在一些枝节末梢上，同时还要使学生在发现自己出错时，及时检索出错误所在并加以纠正。对学生进行适当的听力策略培训，告诉他们如何把握听力方向（如根据某些关联词语或主题的线索），捕捉关键信息，应该把注意力集中在什么地方，可以帮助学生提高这方面的意识。另外，设计一些以目标为中心，以听力任务为导向，但在听力材料上施加一些离散的干扰因素的练习，让学生带着任务和问题听，尝试剔除干扰因素，并将实际听的结果与听前预测对比，经常反思自己听的过程和结果，可以提高学生这方面的能力。

（八）概括能力的训练

由于听力理解不是简单的还原过程，而是复杂的重组过程，因此要训练学生依靠认知图式、旧有的知识来构建意义，理解所听材料，这就涉及对整体意义的把握问题。概括能力训练的目的就是培养学生抓要点的能力。与之相匹配的练习方式有听后转述、概述大意；听后写大体内容；听后对语料中的事物分类；听后填写图表；听后判断言外之意；等等。

三、听力教学方式

（一）听、说结合

可以是先说后听，也可以是先听后说。在听前准备阶段，教师可以通过提问等方式让学生熟悉听的主题和任务，学生则通过"说"（回答）调用大脑长期记忆储存的各种知识，为"听"做准备。"说"是"听"的"热身运动"。通过"说"，学生熟悉了"听"的内容，通过教师的引导，听力材料中的语言结构和生词也可以"埋伏"在"说"中得到操练。但不要忘记"说"是为"听"做准备的，信马由缰地"说"，或"说"的时间大大超过了"听"的时间是不可取的。

先听后说主要是指听完后学生根据听的内容和教师布置的听任务进行"说"，如回答问题，复述情节和大意，发表评论等。这里的说话是检查听力理解的手段，主要看学生是否听懂、理解了意思，练习"说"则是次要的目的，千万不要本末倒置。

（二）听、写结合

可以是听写，可以是边听边记，也可以是听后书面完成任务，如回答问题、写出大意等。现代第二语言教学理论认为，听写是全面检查学生语言能力的一种有效的手段，听写不仅仅是写汉字，还包含理解问题，如词界的切分就与理解有关。句子和段落应该是听写的重点，听的方式（不管是教师念还是放录音）和语速则需循序渐进。边听边记主要是记粗的东西，比如大致情节、主要意思等，"记"的前提是理解，只有理解了，才能抓住要害。这种练习对学生日后高层次、专业的学习和工作是很有帮助的。

（三）听、阅读结合

许多人认为阅读离听比较远，其实在做听后判断正误或听后多项选择时就已经是在"读"了，读后的练习（打钩、画叉、画圈）可以用来检查听力理解。需要注意的是，现在有些人把听后打钩、画圈看成听力训练的唯一方式，这是错误的。有的教师采用边听边看材料的方法，或听后再发给学生材料阅读的方法进行教学（利用视觉），也可以对听力理解有一定的帮助。

听力课的性质决定了其他技能（说、读、写）在这里是为听这个总目标服务的，是检查听力理解的手段。教师要防止出现其他技能在听力课上"喧宾夺主"的情况。

（四）听、做结合

这是以完成另类任务的方式来检查听力理解的。比如边听边要求学生画一张路线简图，边听边让学生在黑板或图纸上指出听到的东西，要求学生按照听的指令或要求进行表演等都属于这类练习。用这种方式教学对听力材料的要求比较高，但学生听的注意力容易集中在听力材料的内容上。

（五）听和听力策略培训结合

随着对听力理解过程的了解逐步深入，人们认识到听者对输入的语言材料的理解不是被动的而是主动的，采取有效的听力策略和方法能促进听力水平的提高，因此教师不但要让学生听，而且要告诉他们如何听，如何根据自己的特点采用何种听力策略来提高听的效率和能力。把听力策略培训也纳入听力教学的范畴是现代第二语言听力教学的趋势，尽管在实践中还有许多问题要解决。

研究表明，影响听力的因素包括认知策略和元认知策略，认知策略是直接与听力的认知过程联系在一起的，比如如何利用大脑的已有知识去帮助理解听力材料，如何猜测意义，如何跨越听力障碍，如何捕捉关键词语等。元认知策略包括如何计划、调整、组织、安排自己的听力活动，监控和评估自己的听力理解过程等。听力策略培训就是要让学生明确意识到自己是如何去听的，如果自己使用的听力策略不合适就要进行调整。

目前，听力策略培训主要有两种方式。一种是结合实际的听力材料和听的活动进行，比如在听前告诉学生某种类型的听力材料采用什么方法听比较有效，或者在听后跟学生一起讨论为什么有的学生理解得又快又好，而有的学生则有一定的理解偏差，他们各自采用了什么策略，为什么同样的策略对有的学生有效，而对另一些学生却无效等。另一种是开设专门的听力策略培训课或辅导讲座，从理论和实践两个方面帮助学生提高对策略的认识，从而使学生在听力实践中去有意识地运用这些策略。

四、听力教学应注意的问题

（一）备课时应注意听读结合

听力课教师在备课时，除注意备课的一般要求以外，还要特别注意：不能只是阅读听力文本（即教师用书），还要听录音（特别是在对话、短文）。因此，教师在备课时应该和学生一样，先听录音，做练习，再阅读听力文本，结合听和读的情况来备课。此外，教师还要把自己做练习的结果和体会记录下来，课后与学生做练习的情况进行比较。这样做是因为教师在备课时预期的教学难点可能并不是学生学习的难点，教师听录音后觉得最难的题不一定就是做错的学生人数最多的题。只有通过不断地比较和总结，才能把握学生听的难点。

（二）课堂教学中要注意优化教学气氛

许多学生本来对听力课就有畏难情绪，对听力的印象也大多是难、没有意思，那么如何调整听力课的课堂气氛就显得尤为重要。优化课堂教学气氛，要求教师本人必须热情、大方、幽默，语言和表情、动作都要有感染力，而且教师必须想尽一切办法来调动学生的情绪和积极性。

教学材料的趣味性也是决定课堂教学气氛的关键。虽然现在的听力教材在选编听力文本时都很注意材料的趣味性，但教师平时还是应该注意多搜集一些期刊上的幽默小品，穿插在教学过程中，这对活跃课堂气氛很有帮助。

好的教学方法与技巧无疑会激发学生的学习兴趣，优化课堂的教学气氛，但也要注意，不论多么好的教学方法与技巧，重复使用都会失去趣味性，所以教师要根据教学内容不停地变换教学方法和技巧。

（三）对听力材料的选择要慎重

要想提高学生的听力水平，就要选择难度合适的听力材料。除材料的难度以外，也要注意材料的有效性和可信性，不能故弄玄虚，使材料的人为性过于明显。例如，有些题几近于语言游戏，以汉语为母语的人听一遍也未必能做对，这种题就不合适给留学生做听力练习用。

（四）听录音前教师要进行必要的讲解或说明

上听力课时，最忌教师什么也不讲就开始放录音，让学生做练习。教师应该结合所要听的内容，向学生进行必要的讲解或说明，使学生注意力更为集中，听的目的更为明确，这样听的效果才会好。

在语音阶段，教师要对题型进行说明，让学生明白他要听什么，做什么。在语法教学阶段，为了让学生了解这节课的重点，教师要准备一些有代表性的材料先让学生熟悉。

对于短文，教师要围绕所听材料的主题提些问题，让学生对将要听到的材料有个大概的了解，例如，听短文《妈妈喜欢吃鱼头》以前，教师先问："你妈妈喜欢吃什么？""你们家吃鱼的时候，谁吃鱼头？""你觉得鱼头好吃吗？""如果有好吃的东西，你们家谁吃得最多？"……然后再要求学生："听这篇文章时，注意这里的妈妈为什么爱吃鱼头？"让学生带着问题听，就会帮助学生理解文章的主旨。

（五）问学生问题时要注意方式和技巧

针对一篇听力材料，应该将问题划分出不同的层次，先问较简单的，再问较难的，问题还应尽量带有启发性，如："你们觉得会不会是……？""你们想可能不可能是……？"教师应该通过观察学生的表情来猜测学生是否理解了听力材料，通过与学生的眼神交流来了解学生的问题所在。教师也要会开一些适度的玩笑，尽量缓解学生紧张的情绪，使学生抛开顾虑，勇敢地开口回答问题。

第二节　汉语口语教学

一、汉语口语教学的内容

　　语言是人类交际的工具，也是其进行思维、表达思想的工具。口语表达从个人的角度讲，是一个心理过程；而从社会的角度讲，则是一种交际行为。

　　口语表达是人脑对意义进行编码处理，并由发音器官来执行，最终将意义转换为声音（具有句法结构的语音序列）的过程。

　　笔者认为，汉语口语教学的内容主要有以下几点：

　　（一）语音

　　语音教学是汉语综合课的主要教学内容，也是口语课的重要教学内容之一，贯穿初中高级教学过程始终。在初级阶段，语音教学更是汉语口语教学的重点。口语教学应训练学生正确地掌握汉语普通话声、韵、调及其重音、停顿和语调变化的规律，特别注意纠正学生的语音错误，使学生能用正确的语音、语调、语气说话。

　　声音技巧包括声、韵、调的准确性，重音、停顿、语速的正确掌握，以及语气、语调的恰当运用。声音技巧对表达说话者的思想起着不可忽视的作用。例如，"我想问你一下"，"问"的第四声如果发成第三声，就变成了"我想吻你一下"。又如，"我想起来了"，若重音落在"想"上，意思是回忆起某件事；若重音落在"起来"上，则是起床之意。在汉语口头交际中，重音、语调、语气的变化常用来强调说话者的主要思想或表达某种深层意义，是口语表达的难点之一，应引起足够的重视。

（二）词汇

词汇教学是汉语综合课的主要教学内容之一，也是口语课的教学内容之一。口语课的词汇教学注重让学生重复和巩固汉语综合课所学的词汇，并进一步熟练运用。同时，有助于学生学会综合课没有学到的词汇，扩大词汇量。汉语中的书面语词和口语词往往存在较大差异。口语课教材中出现的往往是口语词，汉语口语词汇极为丰富，实用性强。比如，"他挺好的"中的"挺好的"，"冲着他大嚷"中的"大嚷"等。这类词数量多，易上口，有相对应的书面语表达形式。

（三）语法和句型

语法和句型不是口语课的重点教学内容，但是口语课所涉及的语法现象和句型有可能超过汉语综合课语法教学的进度。因此，口语教学对某些语法问题，不可能避而不谈。一般来说，口语课对先于汉语综合课出现的语法现象，可以采用简单注释的方式使学生有所了解，通过练习引导学生说出正确规范的句子，不必深入讨论。

在口语课上，语法和句型的教学也有别于综合课，重点不应放在对句子结构分析上，而是放在每一个基本句型表达何种功能上。例如，如何请求别人帮助，如何向别人道歉，如何预订房间，如何采购物品等。

"请+动词"其主要功能是表示请求,"能+动词"表示可能等。因此,句型的操练不应只简单采用综合课中的替换法来进行,而必须结合其功能来进行。教师可设置真实情境,让学生在交际过程中练习句型。

二、汉语口语教学的特点

(一)重视互动性

互动是口语交际的本质特征。没有言说者和倾听者双方的互动,只有一方的独白,那顶多只是一种说话训练,谈不上口语交际训练。说话人与听话人之间随时交流、互相提示、增补、询问、质疑甚至反驳和抗辩。交际的过程或亲和或排斥,交际的结果或趋同或离散或无任何实质性的结果。但有一点是共同的:没有了交互对象便没有了口语的使用场合。因此,口语教学也是教师与学生之间、学生与学生之间的一个互动过程。没有互动,就不能称之为口语教学。

口头交流,不仅要追求语言形式的正确和语言运用的得体,更重要的是说话双方要重视交际的内容和意义,最终达到交际的目的。从这个意义上说,会话是"语言意义的谈判",口语教学则是"意义谈判的互动"。口语教学过程重视的也是语言意义(交际内容)的互相交流(这并不意味着放弃形式)。交际法提出"有缺陷的但有效的交际"的口号,说的也就是这个意思。

(二)重视交际功能和语境,但也不能偏废语言结构

说话是一种言语行为,是为了通过传递一定的信息进而达到交际的目的或意图,例如,问候、介绍、邀请、感谢、道歉、告辞、请求、祝贺、赞美、建议、批评、劝说、抱怨等,这就是所谓的言语行为的功能。功能-意念大纲的出

现使得口语教学在培养学习者交际能力方面发生了根本性的变化，也成为具有较大影响力的第二语言教学纲要。尽管对外汉语教学的功能-意念大纲还处在进一步开发、研制阶段，但在对外汉语的口语教学中，要特别注意交际功能、汉语表达功能、意念的语言形式（各种格式）等。

由于口头交际具有即兴、临时（当场）、多变的特点，大量的口语是无计划、无准备的，因此口头交际对特定语境的依赖性很强。在汉语口语教学中，学习者对词汇、语用规则的理解一般都要结合语境。语境对言语的理解和产生具有制约性，例如，"我这人，嘴上没把门的"这句话，如果语境不足，学习者就会疑惑：这是一句表示歉意的话（"我这个人常常胡说八道，你不要在意"），还是一句带有威胁的话（"你可小心点儿，我可保不住会把你的秘密说出来"）。因此，语境的设置在口语教学中有较为特殊的地位。

近几年来，口语教材的编写也较多地以交际功能为主线，注重功能项目，注重语境。这是由口语教学重视交际能力培养的目标所决定的。但是，在口头交际中，语言知识，尤其是语法知识仍有着举足轻重的地位。社会语言学家戴尔·海姆斯（Dell Hymes）提出的关于交际能力的四个参数，其中之一就是合语法性。应用语言学家威多森（H. G. Widdowson）指出，语言交际中最重要的是词汇与语境直接结合产生意义。如果语境不足，词汇意义不能自现，这就需要语法规则来对词汇进行调节。所以，对外汉语口语教学不能偏废语言结构。此外，口语的语言结构还有着许多自身的特殊性，例如句子较短、少用关联词语、并列从句多、问答很多、感叹词语多；因为经常有重复、停顿、打断、增补、更正等现象出现，语句可能不连贯；省略、简化、代称等表达较为便利的语言形式使用频繁；等等。在对外汉语口语教学中，不仅不能偏废语言结构知识的教学，而且应该特别关注那些不同于书面语的语言结构的教学。

（三）强调准确性和流利程度的结合

口头交际成功的关键在于口语的质量，而口语的质量主要是通过口语的准确性体现出来的。口语的准确性应该包含两个层面的意思：它既是指语言内容的准确性（会话的"合作原则"可以帮助理解这一点），也是指语言知识运用的准确性。

关于口语的流利程度，不能仅仅理解为语速的快慢，尽管语速是衡量流利程度的一个指标。衡量流利程度的标准有如下几项：

①连续谈话能力，就是在一段时间内的谈话应该没有显著停顿。
②谈话有连贯性、逻辑性，掌握表达语言意义的能力。
③具备在各种不同场合说话的应变能力。
④谈话内容富有创造性和想象力。

其实，说第一语言的人在说话时也是有停顿的，但他们的停顿主要是出于对意义内容和说话方式（如应变，如何让对方接受等）的考虑，但说第二语言的人，他们的停顿则更多的是出于对语言形式的考虑（对表达意义的语言形式没有把握，要寻找词语、结构等），因此是没有规律的、非正常的。许多留学生在进行汉语口头表达时，结结巴巴，断断续续，该停顿的地方不停顿，不该停顿的地方却停顿了，这些大都是因为这个原因。说第一语言的人在用内化了的语言知识和规则把要表达的思想转换成言语信息时，这个过程是自动化的；而说第二语言的人却不行，思想和形式的割裂就会对表达的流利程度产生很大的影响。笔者认为，进行对外汉语口语教学就是要加速完成"自动化"的过程。

对外汉语口语教学始终致力于提高学生口语的准确性和流利程度，但人们应该清楚地认识到，提高学生口语的准确性在教学中是第一位的。有些学生的汉语听起来很流利，可一说就错，毫无准确性可言，许多教师对这种学生感到头疼。对于准确性和流利程度，不同的课堂练习是可以有所侧重的。而且，在对外汉语教学的不同阶段，面对不同水平的学生，训练策略也应有所调整。在初级阶段，许多老师注重提高学生口语的准确性。随着学生语言能力的不断提高，许多老师注重学生口语流利程度与准确性的均衡发展。需要注意的是，如果在任何教学阶段，教师都只注重提高学生口语的准确性，将会影响学生口语表达的流利程度。教师要从整体上平衡准确性和流利程度的关系，要让每项口头训练、每个教学阶段都有相应的侧重点。

（四）重视学生跨文化意识的培养

随着经济全球化的发展，世界各国之间的交往日益频繁。在与其他国家的人交往的过程中，势必会遇到文化差异造成的各种交际障碍，导致交际双方的误解。避免跨文化交际障碍和误解的第一步是培养跨文化意识。在汉语口语教学中，培养学生的跨文化意识也是很重要的。认识不到或不了解这种文化差异，即使学生学习了汉语，用汉语跟中国人交际也会出现问题，甚至影响交际双方的交流与沟通。例如，中国人称赞外国留学生穿的衣服漂亮，人长得好看等，许多留学生会本能地用汉语说"谢谢"，尽管他们可能已经学过"哪里，哪里"等自谦的表达方式。母语是英语的学生用汉语说"你好"的频率通常超过中国人，他们甚至还会用"下午好"和"晚上好"跟中国人打招呼（而中国人之间通常是不这样说的）。这些都是由于文化不同、交际模式不同而产生的迁移，并不仅仅是语言本身的问题。如果学生将母语的交际模式错误地套用在相应的汉语交际场合，就会违反汉语的交际惯例；如果学生不了解或不理解中国文化与他们国家文化之间的差异，就很可能对中国人的交际方式和语言行为产生误判。因此，在培养学生的第二语言交际能力时，也应培养他们的跨文化交际意识。汉语口语中有许多惯用语和"固定格式"都是跟中国人的思维方式、文化传统和交际模式相关的，这也是在口语教学中应特别关注的。

三、汉语口语练习的方式

口语练习的方式很多，大体可以分为三类：第一类是机械的模仿和操练，如朗读、语音练习、替换与扩展；第二类是半机械、半自由的训练，如造句、听述、完成对话；第三类是自由表达，如根据实际情况回答问题、看图说话、讨论、演讲等。教师要根据不同的口语练习方式决定教学方法，切忌仅仅局限于"教师问，学生答"的方式。例如，读音练习时，可以让全班齐读后，教师进行抽查；练习词语和句型的替换与扩展时，可以让学生自己添加一些可以替换或扩展的词语，还可以鼓励学生自己编对话，自己开口说；做对话练习时，教师可以事先把一段对话中的部分内容隐去，让学生先补充对话中的空缺，完成后进行朗读练习或分角色表演，完成对话以后还可以让学生自己编对话；教师还可以设置各种模仿实际生活的情境，让学生根据情境进行交际训练。

（一）句型操练

这是初级阶段口语教学经常采用的练习形式。句型操练用于口语教学的时间已久，它是用不同的词语代入句型或替换原句中的同一成分以达到使学生熟练掌握句型的目的。许多人认为机械的句型操练是比较乏味，但只要不是整堂课都在机械操练，且每个学生只轮到几次机会，未必就一定很乏味。加入合适的情境，句型操练也可以是有意思的练习。

（二）用卡片布置情景任务

情景对话法可采用这种练习。例如：有学生甲、乙、丙三人，教师不当面给他们布置任务，而是将任务写在卡片上，让他们按卡片上的指令去完成任务。这种练习的目的是要学生掌握和运用具有"请求、祈使""接受""拒绝"等功能的表达方式。实施起来，既是情景对话，又是角色扮演。

（三）图片类练习

直观的图片、实物等，除了用来让学生进行描述、联想，还可以有更灵活的使用方式。例如，教师让学生每人自带一张亲朋好友的照片，并用一张纸给自己带的照片写一段介绍文字，内容包括衣着、外貌、身份等要素。然后教师将介绍和照片分发给别的学生。每个学生拿到一张陌生人的照片和一份不相干的介绍后，用口头介绍和提问的方式，去寻找与自己拿的介绍相匹配的照片，同时也等着别人通过介绍和提问的方式来认领自己手中的照片。也可以让某同学以问答的方式在全班寻找一张照片。甲同学哥哥的照片在班级其他同学手里，他想要找到哥哥的照片，但不知道在谁手里。于是他问："谁拿到了我哥哥的照片？"乙同学问："你哥哥穿什么衣服？"甲同学回答："他穿白色T恤衫和牛仔裤。"丙同学问："你哥哥是什么发型？"甲同学继续回答问题，直到找到匹配的照片为止。问答是这种活动的基本元素。

（四）复述训练

复述训练也是一种提高口头表达能力的练习形式。复述可以采取听后复述或是读后复述的方式。至于复述的要求，教师可根据该学生的学习程度、词汇量的大小等决定，可以是归纳性的复述，也可以是扩展性的复述，甚至可以是变换角度的复述（变换时间、地点、人称等）。无论采取什么形式，都要结合教学的重点，做到内容完整、条理清晰、表达通顺。

（五）调查类练习

这类练习活动可以在班内进行，也可以面向社会。例如，教师先设计好如下的一份调查题，然后让学生人手一份在班上展开调查，填上符合条件的同学的名字。这个调查看上去很容易，但如果教师要求学生在班上进行口头报告时，需增补一些信息。例如，调查题①要介绍"他在什么公司当老板"，调查题②要说明"为什么不会开车",调查题③要具体解释"哪些地方不习惯",调查题④要说明"不喜欢的理由",等等。学生在调查时必须挖掘信息。这样的活动,完全可以向课堂外延伸,例如设计问卷让学生调查若干个中国朋友的爱好,并跟自己国家的人进行比较,在班上做口语报告。

① _____的爸爸是老板。
② _____不会开车。
③ _____觉得不习惯中国的生活。
④ _____不喜欢喝咖啡。
⑤ _____抽烟抽得很多。
⑥ _____的衣服是在中国买的。
⑦ _____没有男朋友。

(六)猜测类练习

这类练习可在初级阶段的口语教学中使用,如猜物练习。教师可让一个学生背对着黑板猜黑板上写出的事物,这个学生可通过向全班同学提问的方式来进行猜测。如黑板上写的是"火",这个学生可问其他同学:"这是不是吃的东西?"如果面向黑板的学生回答"不是",他继续发问:"这是不是用的东西?"别的同学回答:"是"。问答的范围逐步缩小,直到猜中。猜测类练习还可以让学生根据形体动作来猜句子,根据词义解释来猜词等。这类练习从本质上来讲游戏性很强,因此教师在设计上应将需要学习的语言项目跟这类游戏结合起来,不能纯粹为了游戏而游戏。

(七)讨论和辩论

这是组群活动法常用的练习形式。每个人的思想是不同的,一个组群要做一件事,完成一项任务,讨论甚至辩论是不可避免的。正是在这个过程中组群成员的意见和思想需要达到统一,不然无法完成任务。另外,就一些大家普遍感兴趣的话题,教师可以组织学生开展各种形式(全班的、小组的、正方反方的）的讨论或辩论。这种活动，一定程度上可以反映学生的价值观。

四、汉语口语教学应注意的几个问题

汉语学习者在个性、文化等方面的差异和特点，会使教学实践和效果发生某种程度的偏移，这就意味着不能再像传统教学那样，而是要尊重汉语学习者个性、文化等方面的差异。笔者认为，学习者在文化、个性等方面的差异，是不以人的主观意识为转移的，并对整个教学活动和效果发生作用。因此，汉语口语教学应是建立在尊重学习者文化、个性等差异基础之上的教学活动。

（一）口语教学是有指导的教学

口语教学是有指导的教学，会话是有指导的会话。这句话说起来很容易，但真正实践起来却不容易做到。设想一下上口语课可能出现的几种情况。一种是老师觉得给留学生上汉语口语课是件非常容易的事，课前没做好教学设计，到了教室门口，甚至讲台上才突发奇想找到一个题目，然后满怀希望地请学生就这个题目发言。结果课堂上鸦雀无声，学生毫无反应。于是教师自己开始滔滔不绝地介绍，或谈起对这个题目的看法。教师"独自"上了一节课，学生则上了一堂"听力课"。第二种是老师出了题目，有几个勇敢或积极的学生开始努力用汉语发言，情况似乎不错，但自始至终就是那么几个人在说。如果老师意识到了这个问题，他就会试图阻止这几个人"表现自己"，并且鼓励其他同学大胆地说，可其他人如果继续不开口，那就还是这几个人占据课堂。第三种是老师出了一个全班同学都非常感兴趣的题目，一时间教室里热闹非凡，学生们分组讨论，老师被晾在一边，下课铃响了，大家似乎仍然意犹未尽。实际上学生主要是在用自己的母语（夹杂着几句汉语）讨论，老师控制不住课堂，只好放任自流。出现这些情况的主要原因就是教学是没有组织的，没有指导的。

尽管"教无定法",但组织口语教学,教师一定要考虑到选题(可能是口语教材已经规定好的)、学生的汉语水平、要达到的教学目的和要求,以及如何组织引导/指导学生开口说话等问题。不少有丰富经验的第二语言教学专家认为,口语教学通常比其他语言技能的教学难度要大一些。

(二)输入要大于输出

这里的输入主要指的是听(也包括阅读)。不少教口语的老师,尤其是上初级口语课的老师,总希望学生学一句就要会说一句,输入十句就要求学生输出十句,这种"输入=输出"的模式不符合语言习得规律。学过外语的人都有体会,听懂十句,自己能说出三四句就算是不错的了。通常学生接受的能力(听、读)好于产出的能力(说、写)。只有通过大量的输入才能保证有效的,也是有限的输出,因此输入应该大于输出,即"输入>输出"。在口语教学中要注意输入大于输出的意思,除了告诫教师对发展学生的口头表达能力不能操之过急,还提醒教师应重视输入,要在听的基础上发展和培养说的能力。大量的听可以为说打下扎实的基础,有助于学生扩大词汇量,从而提高口头表达能力。在具体某个语言项目的教学过程中,也可以从听入手,先听后说。

(三)选择性地改错纠偏

指导学生口头表达时,对于他们所存在的问题,要区别主次和轻重缓急,只着重强调和修改个别主要问题或关键词语,尽量少改动整个句子的结构,不面面俱到,也不试图一次性解决所有问题。当学生在表达过程中短暂停顿时,教师要耐心地等待,等待他自己找到所需要的词汇和语句。除非学生的确需要指导,教师才应提供适宜的帮助。这种方法在初、中、高级各层次的会话教学中,都有不错的效果。它无异于在说:你说得很好,主要意思我全明白了。如果有问题,那也只是很小的问题。你看,我们只需要修改一点点,你的表达就很好了。

例如，在训练语音（包括语流）时，纠错的重点在发音，在语音语调上，别的都是次要的；而在对口语的表达形式进行训练时，语法纠错则是相对重要的。在学生成段表达或对话交际（甚至在一个句子）中，可能会出现许多错误或偏误，教师不能总是打断学生，把错误一个个地纠正过来，那样会使学生完全丧失信心，而应选择那些涉及句子总体组织结构的、影响理解的错误记下来，待学生说完后加以纠正。教师要允许学生犯错误，也要有条件地容忍错误。再如，对语音能力差的学生和语法错误多的学生，纠错的选择是不同的，标准是因人而异的，这也是现代语言教学强调个性化的体现。

（四）不要把口语课上成阅读课

口语课上有的教学单位用教材，有的则不用，而是由教师自己选择材料。因为有了课本，有了书面的"范文"，没有经验的老师很容易把注意力放在生词的解释、语法点的介绍上，采用与阅读课相同的教学方法，而忘记了口语课的根本任务——练习说话。这是口语课之大忌。

（五）适时增加学习难度

一位艺术家曾说过，艺术创作是在适度的不舒服的状态中产生的，每当你使用一种方法，感觉得心应手、十分舒服的时候，你就要小心或警惕了，因为这将意味着你开始故步自封。这个纯属个人的经验中所隐含着的启迪意味是，适度的压力对于人们认识活动具有一定的促进作用。这一点同样适用于教学活动。教师在教学中要仔细观察学生的接受情况，在他们已经比较适应和熟悉自己的声音和方法的时候，适当增加一点难度，不露痕迹地给他们一点压力和刺激，以挖掘其潜在的思维能力，并使其通过这些已经具备的认知能力来学习和提高汉语口头表达的能力。

人们曾尝试在一个初级班的会话教学中，观察学生学习汉语时潜在的认知能力最终能发挥到什么程度。这个班的留学生分别来自德国、法国、美国、日本和韩国，是一个从"你好""再见"开始的普通的初级班。两三个星期后，一个学生偶然用英语提到了"环境污染"这个词，于是教师便即兴布置了一次写作和演讲练习。教师只教给学生几个简单的词语，如"环境污染""垃圾箱""垃圾的回收和再利用""塑料袋"等，要求学生设法向大家介绍自己国家在垃圾回收和再利用方面的情况，允许他们课外求助所认识的中国朋友，时间定为一个星期。这些初级汉语水平的留学生自己翻字典找到所需要的词汇，用文字、图画、照片等各种各样的方式来表达自己的观点。他们不仅尝试用新学到的词汇通过演讲形式努力地说明问题，而且把那些综合了文字、图画、照片等的习作挂在墙上，像作品一样供人欣赏。这一次给学生们适度增加的难度和压力，刺激了他们对学习和认知的兴趣，成功地挖掘出了其作为成年人思维所具有的潜能。

第三节　汉语阅读教学

在汉语阅读教学中，教师要追求多样化的教学方式，以便更好地调动学生学习的热情，让阅读教学的课堂更加精彩。阅读教学的方法有很多，有的强调解码，有的强调课文的意义，还有的强调一般知识和语言知识的使用。但是在实践中，大多数阅读教学采取一种折中的方法。例如基础读物系列有同步课文、教师手册和学生练习的阅读教学材料软件包等。但是基础读物系列也受到了许多人的批评，许多人认为它们对阅读缺乏整体观，结构不好，材料乏味，练习呆板无益。现在出现一股潮流，倡导要努力提高基础读物的文学价值，更加强调理解，强调语言整体性，包括将阅读教学置于写作、口语、听力的文学语境中。这种变化无论从理论上还是从实践上都是可行的。

一、汉语阅读教学的策略

（一）激活已有知识

读者的背景知识会影响阅读理解技能。背景知识包括读者的生活经验、教育经验、课文组织结构的知识、第一语言知识、第二语言知识、文化背景知识等。阅读的文献常常提到所谓的图式，就是一种背景知识。

大量研究表明，已有知识的激活会促进阅读理解和阅读技能。如果读者在阅读活动中不能激活适当的图式，就会导致不同程度的理解失败。不熟悉中国历史文化的外国学生，阅读相应的文章也同样会感到困难。在这种情况下，教师在要求学生阅读之前，应该先帮助学生建立一个背景，激活相关的图式，以便学生在阅读之前有足够的背景知识。

教师可以适当地组织读前活动，激活学生相关的背景知识。这些活动包括读前讨论、解答教师提出的问题等。

（二）扩大词汇量

词汇获得（习得）就像长跑训练一样。练习长跑不是一天两天的事，而是要持之以恒。学习词汇也如此。学生不会在一夜之间突然学会所有的词。学生应将词汇学习视为阅读课程的一部分，在自身提高阅读能力的同时，有计划地进行词汇学习。

1.第二语言阅读中的词汇教学

词汇是第二语言阅读的关键部分之一。如果说阅读理解是火焰，那么词汇就是燃料。学生在阅读故事性文章时通常有两种情况：①每个生词都查字典。这类学生占多数。经常使用字典的学生认为，不查字典就不懂得课文的全部意义，就不是学习。②不查字典，急着通过图画、猜测来理解文本，目的是在课堂上完成作业，不留到课后。这类学生认为，每个生词都查字典太浪费时间，因为有的词不常见，可能再也不会遇到，而且不需要认识也能猜出故事的意思。

可以把这两类学生的观点结合起来，设计一些策略（方法），以便帮助过多使用字典的学生少一些使用字典，直觉猜测者多了解一点准确的词汇知识和文本意义。教师应该告诉学生，他们不仅可以在阅读课上使用这些策略，还可以在自己的专业课上使用。在阅读课上，还可以选用学生所学专业方面的文章，例如历史、经贸等，使学生有更强烈的动机去学习词汇。

2.词汇教学的方法

（1）给学生创设一个良好的阅读环境

例如，在教室的墙上贴上挂图，在教室里放很多书、杂志、报纸等阅读材料，鼓励学生泛读。

（2）课堂上的阅读训练方法

①通过题目对文章的词汇进行预测。采用头脑风暴法，用语义地图来表示。这既可以激活有关背景知识，也可以使教师了解学生在某个领域的背景知识，如是否熟悉阅读的话题、单词量多少等。不仅故事阅读可以这样做，专业阅读也可以这样做。

②讨论语义地图上的单词的用法。口头讨论可以促进阅读理解，降低学生面对新材料时的焦虑，特别是生物学等自然科学领域的材料。在这个阶段，教师是参与者，同时也给语义地图提供单词，补充课文的关键词。一开始学生可能不太清楚文章的主题，当教师要求学生解释单词之间的联系时，文章的主题就清楚了。

③阅读文章。学生带着预测阅读，看看猜测是否能得到证实。

④学生把关键词记录在个人词典中。每一课的关键词一般控制在 10 个之内。个人词典分为 5 栏，关键词之外的词，即"扔掉的词"，记录在学生的"词汇表"中，可以在以后的阅读活动中应用。课外泛读的单词也可以加在这个词汇表中。这是学生自己的学习笔记，可以记录任何信息，例如解释、母语翻译、自己造的句子等。

⑤培养词汇再认的能力。利用"扔掉的词"的活动之一是单词识别练习。单词识别练习可以包括关键词、"扔掉的词"和高频词。练习的形式如下：第一栏为关键词，后面的词为 1 个关键词和 4 个干扰词。给学生 40 秒，让他们把干扰词中的关键词圈出来。这种练习方式可以促进单词再认和流利阅读，也可以用来练习同义词、反义词、前缀、后缀、词根等。

上述方法强调对关键词的理解，不太强调对次要词的理解。只要学生花时间去泛读，那么就可以使其词汇量增加。

（三）培养理解能力

培养学生的阅读理解技能就像种花一样，一是需要时间和耐心，不能揠苗助长；二是需要给学生提供良好的环境。

1. 教阅读理解和测查阅读理解

在阅读课上，教师常常要求学生做多重选择题。但是教阅读理解不等于教如何做多重选择题，多重选择题只是用来测查学生阅读理解情况的，教师应当考虑怎样教阅读理解。

读者的需要和目的以及背景知识决定了阅读理解的程度。

2. 元认知意识

第二语言学生元认知技能的发展，与理解策略的教学密切相关。元认知，即对认知的认知。为了达到真正的理解，读者必须监控自己的理解过程，掌握理解的策略。第一和第二语言研究者都进行了策略训练实验，其目的是探讨策略训练是否能够促进理解。教师要教学生学会监控阅读理解,对自己正在进行的阅读过程有一种意识。

总之,意义的获得,需要学生将个人背景知识、阅读目的、阅读策略与课文等相结合。教师要想提高学生的阅读理解能力,就要教学生进行这种结合。

3.精读和泛读

精读和泛读是两种不同的阅读方法。它们各有特定的目的,然而总是相辅相成、相互补充、相互作用,在阅读过程中又各自成为促进对方的一种手段。

精读是利用一篇课文来尽可能发展理解技能,所有活动都围绕着如何教学生掌握必需的理解技能展开。泛读要求阅读大量文本并达到一般理解即可,通常结合其他活动进行。泛读只是学习目的的一部分。例如,学生阅读大量的材料后,或者要准备一篇论文,论文要比较关于某个问题的不同观点;或者要准备演讲,以说服别人同意他们的观点。所以有人认为,对于精读来说,课文本身就是目的;对于泛读来说,它是达到目的的一个手段。

有学者认为,成功的泛读课有10个特征:

①学生的阅读量尽可能大,包括课内阅读和课外阅读。

②阅读的题材、方法和原因多种多样。教师应鼓励学生采用多种方法阅读,鼓励学生阅读各种题材的材料。

③学生选择自己想读的材料,如果他们不感兴趣,可以停止阅读。

④阅读的目的可以是一般理解、获得信息或消遣,这是由材料的性质和学生的兴趣决定的。

⑤阅读本身就是一种奖赏。阅读之后没有或只有很少练习。

⑥阅读材料的词汇、语法在学生掌握的范围内。

⑦阅读是个人行为,是默读。学生有自己的阅读速度。

⑧阅读容易理解的材料时速度比较快。

⑨教师引导学生明确课程的目标,选择合适的阅读的方法,选择想要的

阅读材料。

⑩教师是学生阅读的榜样。

有研究者提出，好的学生多喜欢泛读，但也不会忽视精读。有些学生之所以能够成为好的学生，是因为他通过精读掌握了阅读技能和策略，并把它们迁移到泛读情境中去。阅读教师要考虑学生参与精读活动和泛读活动的比率，了解自己是否为这两种阅读提供了机会。

（四）提高阅读的流畅性

汽车司机都有这样的经验：在晴天时开车，速度比较快，常常边开车边听音乐或者边思考问题，记不清拐弯、上桥等的细节，到达目的地时感觉很轻松；但是在雨天开车，开车速度就很慢，拐弯等细节记忆得非常清楚，到达目的地时感觉很累。

这里涉及自动化的问题。当条件适宜、没有干扰时，司机可以非常舒适地前进，不去想自己正在做什么，司机完成常规活动是自动化的；当条件不好时，司机非常清楚自己在做什么，司机的活动需要有意识地控制。

理解自动化的概念对第二语言阅读教师是非常有帮助的。人们常常会看到这样的情况：学生在阅读过程中把注意力放在许多任务上，阅读速度很慢，导致其不能理解阅读材料。提高阅读速度，可以促使他们将更多的认知资源用在理解材料上。

值得注意的是，这里所说的提高阅读速度，不是指应当让学生一分钟阅读几千个词，而是指应当让学生的阅读成为流畅的、自动化的过程（流畅地阅读，使阅读自动化）。阅读的流畅性和自动化是一个非常重要的问题，第二语言学生的阅读常常缺乏流畅性和自动化。

总之，在培养好的阅读技能的过程中，自动化起到了非常关键的作用。当阅读自动化时，学生才能运用他的认知技能理解阅读材料，才能花时间思考、分析、综合阅读材料，而不是一个词一个词地阅读。学生应该使用自动化技能完成任务，而不是思考他正在做的每一步。阅读的乐趣就在于拿起一本书，然后轻松地阅读理解。

（五）确认阅读策略

在管弦乐队中，大提琴和小提琴的作用是不同的。不同的乐器有着不同的作用，将不同乐器合理搭配，才能演奏出美妙的音乐。

策略对于阅读的作用，就类似于不同乐器在乐队中的作用。

1.理解大意策略的教学

对于理解大意策略的教学，教师可以提出以下六个策略问题：

①策略是什么？理解大意是一种重要的阅读技能，多数阅读需要理解大意。

②为什么要学习这个策略？确定大意有助于信息的组织，区分主要信息和支持信息。

③如何使用策略？寻找篇章的主题段、段落的主题句，很快地阅读，不要担心细节。

④什么时候使用该策略？阅读新信息很多的具有解释性、说明性的文章时，使用理解大意策略。

⑤应该阅读哪儿？应该阅读篇章的开头、结尾段落，段落的开头、结尾句子。提醒学生问自己：文章的主要思想是什么？联系部分与整体的思想是什么？所有部分支持、解释、描述什么思想？

⑥如何评价策略的使用？在阅读理解的最初阶段，最好的方法是对策略使用适当与否进行公开讨论。

这六个问题，教师可以在单独的策略教学中使用，也可以结合课文阅读来使用。

教师还应当鼓励学生在课外阅读中使用策略。教师可以给学生布置课外阅读任务，指定阅读材料，或者让学生自己选择阅读材料，并要求学生进行阅读记录。

2.策略训练

策略训练不是一件简单的事情，也不是一件容易的事情。训练的时间长短、训练过程、学生的责任心、策略迁移等都会影响训练的效果。尽管有许多挑战，但第二语言策略训练仍需要继续进行。

除了理解大意策略教学中的这六个问题，言语报告也是增加元认知意识的一个方法。以下是将言语报告运用于课堂的几个步骤：

①选一篇课文，教师在全班大声朗读，演示大声思维方法。演示的课文是教师以前没有读过的，以便尽可能真实地演示阅读时的思维过程。

②教师大声念课文，让全班学生静静地听。教师一边读，一边用言语报告阅读时的思维。对于阅读流利的教师，需要放慢阅读、思维的过程，以便学生能够了解教师阅读时的思维。

③结束的时候，鼓励学生提出自己的想法。

④教师给学生提供其他思维模板。

⑤让学生两人一组进行大声思维练习。一个学生一边读一边说自己的思维和策略，另一个学生听。

⑥鼓励当听众的那个学生说出自己的思维。

⑦也可以让全班同学一起阅读一篇课文，一人读一句（最好一行），或者让一个学生念课文和"大声想"，其他学生静静地听。"大声想"方法也可以用于平常的默读。在默读活动中偶尔打断学生，要求他们说说正在想什么。

⑧最后，鼓励学生在课外练习，或者要求学生完成一个表，报告他们在阅读中使用的各种策略（这可以作为课外作业）。

通过使用这种方法，教师可以教学生认识自己的阅读过程，并且了解自己阅读时是怎样思维的。课堂训练的目的是迁移，使学生能够在其他阅读活动中利用言语报告策略。

（六）激发阅读动机

1.阅读的目的：获得信息或娱乐放松

人为什么阅读？这个问题对于编写阅读材料是非常重要的。总的来说，阅读的原因有两个方面：获得信息、娱乐消遣。前者是为了获得新的信息、增加知识，后者是为了放松、享受读书的乐趣。如果阅读材料能够满足学生的阅读需要，那么他们阅读动机就会比较强。

动机是人们做某件事情的动力，是引起和维持个体的活动并使该活动朝某一目标进行、以满足个体需要的内部动力。动机对阅读的影响是非常大的。如果一个人不想阅读，他就不会去阅读。教师首先应当了解学生的兴趣，选择学生感兴趣的材料。其次选择阅读材料要考虑学生的水平，不要太难也不要太容易。太难容易使学生受挫、放弃；太容易会使学生感到单调、没意思。另外，教师也可以让学生记阅读日记，使学生看到自己在阅读速度和理解上的进步，这会激励学生去阅读。

2.激发学生阅读动机的建议

关于如何激发学生的阅读动机，有以下一些建议：

①给学生布置阅读作业要考虑如何激发学生的阅读动机。

②不要把阅读作为惩罚。

③只要可能，增加奖励（例如表扬、有趣的活动），降低难度（例如提供背景知识、预习单词）。

④让学生选择阅读的材料。

⑤学生阅读之后有机会运用阅读所学的知识。

⑥使所有的阅读作业都有意义。

⑦阅读材料尽可能符合学生的兴趣。

⑧尽可能告诉学生材料的用处。
⑨告诉学生教师对材料也很感兴趣。
⑩保证每个学生都有机会成功。
⑪了解学生的阅读动机。可以通过访谈、问卷调查等形式了解学生的阅读动机。

二、汉语阅读技能训练的内容和方式

（一）利用汉字造字法猜测字、词的意思

利用汉字本身的造字特点，教师可以训练学生猜测汉字的意思。这里主要以"六书"中的形声字和会意字为例。在现代汉字中，形声字已占绝大多数。形声字主要用形符（也称"形旁"）表示词的意义类属，也就是事物大致的类别，如"氵"表示与"水"有关的事物、现象、动作，像"河、湖、浇、洗"等；用声符（也称"声旁"）来提示词的大致读音。教师可以把形声字的这种造字方式介绍给学生，使他们可以利用形声字的这种表意性质在上下文中去猜测不熟悉的字、词的意思。另外告诉学生会意字是用两个以上的字形组合起来表示字义，这也会对他们猜测字义有帮助，像"日、月"为"明"，"小土"是"尘"，"不正"乃"歪"，"不用"是"甭"，"三人"是"仨"等。

（二）利用合成词构词法猜测词的意思

在教学中，如果教师有意识地使学生了解和掌握合成词的构成方式，不仅能帮助学生扩大词汇量，对学生在阅读时理解和猜测词义也是有帮助的。例如，近些年来出现的表示"风气"（多含贬义）的"×风"（如吃喝风、抢购风、摊派风等），表示"热潮"的"×热"（如出国热、汉语热、托福热、股票热等）

等类词缀，一旦学生了解了它们的意义和构词的方式，对他们阅读时理解新词的意思可以起到一定的作用。

如果学生阅读时遇到的是复合词，而他只认识其中的一个字，那么构词法的知识就有可能帮助他进行词义的猜测和理解。例如"思想"，"思"就是"想"（联合式）。其他构词方式，如偏正式、述宾式、述补式、主谓式等也都有一定作用。这种训练可以在阅读课上直接进行，也可以在与阅读相关的词汇或语法教学中进行。

另外，如果是缩略词语，可以利用语素扩展或还原的方式，也就是从已知的语素出发来推导出整个缩略词语的意思。例如，"彩电"→"彩色电视机"，"简介"→"简单介绍"，"联营"→"联合经营"，"四化"→"工业现代化、农业现代化、国防现代化、科学技术现代化"。

通过构词法的教学，学生可以掌握一些构词分析方法，可以减少一些阅读时的词汇障碍。

（三）利用上下文同义、近义、反义词语互释来推测词语的意思

如果某一个生词处于上下文的语境中，读懂了上下文，就有可能猜出生词的大致意思。可以根据句法搭配关系来推测词义，例如："他刚才吃了两块萨其马，现在一点儿也不饿。"根据上句的句法搭配关系，可以猜出"萨其马"是一种吃的东西，再从下句的意思，可以进一步猜出"萨其马"是一种可以吃饱肚子的东西，不是药，不是糖果，一般也不是水果。还可以通过前边或后边句子的意思来推测，例如："朱大康家的房子非常破旧，屋子里只有一台旧风扇，连黑白电视机也没有，可见他家多么贫穷。"从前面句子的意思，可以猜出后面总结性词语"贫穷"应有"没有钱或钱很少"的意思。此外，还可以通过上下文中句子意思的对立关系来推测，例如："你动作要快一点儿，别磨磨蹭蹭。"从"要"和"别"的对立意义，可以推断"动作快"跟"磨磨蹭蹭"的意思是

对立的,"磨磨蹭蹭"应该有"动作慢"的意思。

另外,利用词语的搭配关系也可以推测不熟悉词语的大致意思。例如,在"想知道上海发生了什么事,可以查阅《新民晚报》"这个句子中,学生只要知道《新民晚报》是报纸,就应该推测出"查阅"大致是"看"的意思,因为上下文语境限制了其他可能搭配的词语。

(四)分析句子的语法结构,抓句子主干,理解句子的意思

有时一个句子很长,修饰成分很多,且修饰成分里有许多不熟悉的词语,这很容易影响学生对全句主要意思的理解(有些学生甚至会钻在牛角尖里出不来)。教会学生压缩句中不重要的词语和句子成分,抓住句子主干,化繁为简,使句子的脉络显得更清晰,有助于他们在阅读时理解句子的主要意思。传统的中心词分析法是可以利用的手段。另外,在不影响句子主要意义理解的情况下,从阅读理解的角度讲,压缩掉的东西主要是生僻词语、修饰成分、例子、引言和重复词语等。

(五)分析篇章的结构,理解段落的内容和意义

在阅读理解段落或篇章时,有许多规律可循,了解汉语篇章的结构,分析句与句之间的衔接和逻辑关系等,可以使学生跨越许多阅读障碍。这可以训练学生以下几方面能力:

①如何通过上下文来确定代词的先行词。对学习汉语的学生来说,一段话有时不好懂,是因为搞不清楚句子中代词(指示代词、人称代词等)与先行词之间的指代关系。有针对性的训练可以提高学生对指代关系的理解。

②如何通过上下文补出缺省的成分。通常认为,一段话中,如果句子的必有成分(如主语、宾语等)缺省,就会造成理解上的困难。学生在阅读时就一定要从上下文中去寻找,去追回缺省的信息。汉语语段或篇章中"承前

省""蒙后省"的情况很普遍（甚至可以说是汉语话语结构的某种特色），一旦学生找回并补出缺省的信息，句子与句子之间也就衔接贯通起来了。

③如何通过上下文确定词语之间的替代关系。有时在一个语段里，同一个指称对象在前后句子里使用了不同的词语来指称。教师要训练学生能熟练地在上下文中确认这种同指关系。

④如何利用关联词语、标点符号等形式标志来理解句子。在语篇中，句子与句子之间的各种逻辑关系（如并列、连贯、递进、选择、因果、转折、条件、让步等）常常通过关联词语表现出来，这给学生理解提供了线索。利用形式标志，抓住关联词语，识别影响全句意义的标点符号，可以有效地提高学生的阅读理解能力。

关联词语是复句中表示分句与分句之间逻辑关系的词语，阅读时抓住关联词语，对准确、快速地理解句子的意思非常重要。例如："在中国，我们留学生既可以学习汉语，又可以了解中国各方面的情况。"在这个句子中，关联词语"既……又……"表示并列关系，由此可知，"可以学习汉语"和"可以了解中国各方面的情况"两个分句地位平等，没有主要和次要的区分。再比如："小娟虽然学习很努力，可是学习成绩不太好。"这是一个偏正复句，关联词语"虽然……但是……"表示转折的关系，前边的偏句先肯定一个事实，后边的正句说出相反的意思。理解关联词语的作用是理解句子意义的关键。

⑤如何进行事件的推论性理解。从某种程度上说，没有关联词语，句子与句子之间的逻辑关系依然存在，这就需要教师帮助学生通过对事件的因果等关系的理解来提高预测和理解的能力，其中也包含了对文化背景、行为模式和思维方式等的理解。推论性理解还包括对言外之意作出理解。

（六）根据关键词理解文章或段落的中心意思

一般的文章总是先有了主要观点，然后再根据这个观点把各种材料组织起来。要抓住语段的主要观点，很多时候要从抓主词开始。主词或主词组是作者关注的重点，如人物、地点、事件等，所以主词也可以说是语段的简要话题。

（七）根据主题句理解语段意思

阅读，有的时候并不是为了了解某个段落或某篇文章的细节（每个句子、每个段落），而是为了知道作者的主要观点。就一个段落来说，作者的主要观点通常不是在最开始（第一句）就是在最后（末句），其余的句子主要是用来说明主要观点的。如果教师有针对性地训练学生找主题句，抓主要观点，就可以提高他们的阅读速度。

（八）跳着读，带着任务查找所需信息

从阅读材料中寻找特定的资料和信息，如某个具体时间、地点、数字等，是人们日常生活和工作中常做的事情。做这种阅读时，总是先有预定的任务，然后通过阅读去完成任务。跳跃性是其特点，不要的东西不读或一带而过。进行快速查阅，首先要记住任务，即要查找的材料，然后选择和决定查找的线索，如关键词、数字、年代的顺序等，同时快速移动视线进行查找，最后是阅读含有线索的部分，分析所查找的材料以确定是否是自己所需的信息。快速、准确是训练的目的。

影响阅读速度和准确性的因素很多，主要涉及阅读时间、阅读量、阅读材料的难易度、阅读内容的熟悉度以及阅读策略等。教师应该根据学生的汉语水平和不同的阅读目的，进行有针对性的阅读技能训练。

三、汉语阅读教学应注意的问题

（一）注意精读和泛读的关系

精读培养阅读理解的准确性，泛读培养阅读理解的流利度。有学者认为，泛读教学仍然是对外汉语阅读教学的软肋，阅读量小、阅读速度慢是外国学生学习汉语时普遍存在的问题。重精读、轻泛读也是许多教师的问题。从教学的角度讲，对留学生的阅读教学应该形成一个精、泛读相结合的模式，尤其是泛读要纳入课程体系，使之课程化，并得到大大加强。进入中级阶段后，泛读课的设置是必要的，即使不单独设课，阅读课教师也应该精、泛读并重。阅读技巧的训练主要还是在泛读部分进行的。要帮助学生摆脱长时间滞留在只抠教材的困境，早日进入实质性汉语阅读的自由境界。

（二）注意对外汉语阅读训练和语文阅读训练的关系

近年来，汉语作为母语的语文阅读训练成效显著。这些成果可以引入对外汉语阅读训练中，但不能忽略二者的区别。对外汉语阅读训练不能脱离汉语言知识的学习，没有逐渐积累增加的汉语言知识基础，所谓阅读技巧，只能是空中楼阁。

（三）协调来自汉字文化圈国家的学生和其他国家学生的关系

日、韩等使用汉字国家的学生与其他国家学生的阅读能力基础是不同的，这些差异在听说等课上表现并不明显，但在阅读课上就是较突出的问题。要鼓励阅读基础差的学生多做课下功课，在预习、复习上下功夫，努力赶上其他学生。对学生的程度差异，教师要了然于心，在课堂上把容易些的问题提给基础差的学生，让他们回答得上来，树立起自信心；把富有挑战性的问题提给基础好的学生，让他们保持学习的积极性。能够协调好各方关系，平衡课堂进度，满足不同学生的学习需求，是一个教师成熟的标志。

第四节　汉语写作教学

一、写作教学的课堂练习方法

（一）听写

听写不仅可以用来练习和检查汉字，还可以让学生感受汉语书面语的表达方式和写作（包括书写）特点。例如标点符号的使用，起段空格和换行的要求等基本行文格式。听写最好以句子为单位停顿，同时注意语速的控制（不必太慢），这可以为学生日后听报告、记笔记（听记训练）打下良好的基础。听写从低年级开始，应该持之以恒。

（二）句型训练

关于句型训练，可以用完成句子、造句、句型转换等方法让学生写各种句子，这也是低年级常用的基础的书面表达训练。它对训练学生书面语使用的准确性，使学生减少句法错误很有好处。

（三）看图写作

采用这种方法的目的是用较为直观的方法让学生减少对母语思维的依赖，

同时提供写作的内容与环境。看图作文时，要给学生必需的任务提示和较多的写作引导。在初级阶段，甚至可以进行必要的词汇提示和句型提示。

写作教学可使用各种类型的图画，单幅画、照片、图表、地图、连环画、组画、漫画等都可采用，但使用时必须考虑学生现有的语言水平。在教学过程中，教师如果过多使用内容和意义超出学生现有汉语能力范围的图片，往往会影响学生的写作兴趣。看图作文可以在汉语学习的初、中、高各个阶段使用，训练的侧重点可以不同，如连句、使用关联词语、写故事等，它可以给学生一定的想象和创作空间。

（四）关联词语练习

可以给出一个无关联词语的句子群，然后由学生根据句子之间的逻辑关系添加关联词语，将句子连接成一个段落；也可以选择一个段落群，让学生排序并根据表达的逻辑关系添加适当的关联词写成一个更大的单元或篇章。与此相关的一个扩展性练习是先让学生写个（段落群的）表达提纲，训练学生用第二语言进行逻辑思维的能力和整合安排段落的能力。

（五）对文本的加工型写作

对文本的加工型写作主要有如下几种类型：

1. 扩写和缩写

扩写是将一个短的文本充实成一个长的文本。这要求学生在阅读的基础上，以不改变文本体裁和主题为前提，对文本作出增补或引申。这种写作事实上是和学生阅读能力互动的，既培养学生的书面表达能力，也培养他们的阅读策略。同时，经过一定的设计，这种写作也可以导向段落意义之间的关联技能练习，也就是怎样围绕主题有层次地进行分述。

缩写是将一个较长的文本压缩成一个较短的文本，目的是让学生在阅读的基础上对阅读文本作出概括或写出大意。跟扩写一样，它也是与阅读能力互动的，是读写技能的综合训练。缩写训练的进一步延伸是进行"写摘要"的练习。

2. 改写

读了一个文本之后，让学生用自己的语言对原有文本进行整合或重组，但允许学生对所读文本的主题、叙述风格、人称，甚至结果等进行重构。

跟扩写、缩写相比，改写是一种相对自由的书面表达练习。文本可以作为一种提示性的东西存在，也可以作为一个模仿性的范本存在。

在对文本进行加工的写作练习中，阅读文本成了学生任务环境的一部分，因为它们是写作者必须依赖的外部资料。所以，这种类型的写作训练事实上还是可控的。

（六）应用文写作练习

学会用汉语写作应用文对学习汉语的外国学生来说是非常重要和具有实用价值的。常用的应用文练习有如下几种：

1. 填表

根据不同的学习阶段，可让学生填写简单的邮局包裹单、银行存取款单、住宿登记表、体检表、签证表等。

2. 写便条

便条包括留言条、请假条、收据、借条、请柬、小启事等。

3. 书信

书信包括家信、祝贺信、感谢信、慰问信、邀请信、申请信、求职信、投诉信、介绍信、推荐信等。

4. 说明文

可以是介绍某人、某事或某个过程的，更复杂一些的可以是写某物的使用说明，介绍某种社会制度（如社会福利制度、义务教育制度等）或者介绍某些环境或事物（如公司概况、城市概况等）。在进行这类文体的练习时，要注意形式与内容的特点，应与记叙文和议论文有所区分。

5.面向商务的应用文

面向商务的应用文如商务信函、协议、合同、备忘录、确认书、广告等。这是在学生掌握了较好的汉语基础之后才能展开的写作练习，在进行这些项目的写作时，需要向学生明确商务文件的基本格式和语体特点。

由于交际对象、交际活动、交际任务的差异，各类应用文有其特定的程式或固定的格式，有其用词甚至语气的特殊要求，这是应用文练习的关键所在。应用文练习，除了要根据学生不同的语言水平选择相应的练习形式，更重要的是在教学过程中一定要强调写作对象与语言表达方式之间的相应关系。

（七）引导性写作

与控制性写作（如要求学生把某些内容或情节包含在写作之中，进行内容的控制；也可以要求学生把某些词语、句型用进去，或把文章分成几个段落等，进行形式的控制）相比，引导性写作鼓励学生在内容和形式上有所发挥。它常常是给出文章第一段或前两段，要求学生续写；也可以给出第一段和最后一段，让学生续写中间的几段。甚至是只给出首句，让学生续完。由于教师并不严格控制学生要写的内容与表达方式，因而学生获得了较大的想象自由和想象空间，这有助于提高学生的写作能力。例如："……小妹离开街角时看了看路灯下的男人，那人睡在地上一动不动。他死了吗？……"接下来的故事就由学生各自去续写了。续出的故事可让学生互相交流和比较，教师纠正错误和讲解写作技能。有时候，为了训练学生的表达逻辑，也可给学生提供更为具体的引导和提示，如按照图片、提纲、时间、叙述（事件）顺序等写。

（八）自由写作

自由写作是非控制性的写作，一般对写作思路不做引导或提示（如给提纲、范文、图画等），也不围绕特定的语言形式（如严格规定要采用某种形式）进行训练，它以内容为中心，学生可以采用任何可能采用的形式来表达自己的思想。通常认为这是在学生汉语水平比较高的阶段才能进行的写作，其实在学生掌握了一定的汉语写作形式和技巧后就可以进行了，如给家人、朋友写信或明信片，用汉语记日记等从某种意义上说都是自由写作。又如，教师可以布置学生每两周或每个月写一篇东西，至于写什么内容、用什么形式写则可由学生自己决定，当然前提是学生已经进行过许多受控和引导的写作训练。所以自由写作更多的是着眼于内容和意义的表达，从内容出发选择形式。创作是自由写作的最高境界。

（九）笔译练习

笔译可以是翻译句子、段落或全文。通常在外语的环境中（如外国人在外国学习汉语，汉语是作为外语教学的）使用得比较多，在第二语言的环境中（如外国人在中国学习汉语）使用较少，原因之一是同一个班里往往有不同国家的学生。

如果条件允许，适当的笔译练习对学生掌握汉语书面语的表达方式，了解中国人的思维方式是有一定正面作用的。思维习惯、文化差异、表达方式的不同，是造成"翻译腔""外国腔"的原因之一，想想自己学外语时的情况，体会就会更深一些。尽管提倡学生用汉语思维，但书面语的翻译（某种程度上的重新写作）是避免不了的。

帮助学生提高用汉语写作的能力，除了让学生多写，教师还应鼓励学生围绕着写作及修改的想法展开交流，并对学生写作前的准备工作进行策略方面的辅导或引导；强调写作是知识的重组、重构，教师可以提供优秀的写作范例，以提高学生的阅读鉴赏水平,从而促使学生的写作由模仿向创作转化;教师应提倡学生修改作文,并为其提供修改的意见和策略等。

二、书面表达训练应注意的问题

(一)处理好学生母语写作和汉语书面表达的关系

学生在接受母语写作训练时所掌握的思维能力、表达能力是汉语书面表达的基础之一,能帮助学生解决构思、选材、谋篇布局等问题。教师应把握二者的共性,把学生的母语写作能力转移到汉语写作能力中来,集中解决语言运用问题。学生成熟的母语书面表达能力与欠缺的汉语运用能力之间的落差,也是学生学习的动力之一。当教师看到内容和构思有可取之处,而语法词汇有较大问题的习作时,应该注意到其中的潜在价值,保护学生写作的积极态度和创作欲望,促进学生汉语水平的提高。

与此同时,教师还必须注意到学生母语写作对汉语写作的负迁移作用。不同的语言在表达方式上既有共性,又有区别,这些不同方面就会对汉语写作产生负面影响。如英语写作讲究句子的严谨性、完整性,句号使用明显多于汉语;而汉语意合的情况多于形合,句子与句子的衔接多采用指代、主语省略的形式,汉语按意群使用句号。教师应给学生讲解二者的差别,避免学生照搬英语表达习惯,写出单句正确而读起来明显不连贯的段落。又如,日语写作较多采用委婉的表达方式,照搬到汉语写作中,就与汉语讲究简洁的写作要求有差距,好像总在绕弯子,这种表达倾向也需要扭转。韩国学生经常不按意群划分段落,而是一行一句地写,教师在第一时间就要让学生明白,汉语写作中只有诗歌才如此排列,而散文、论文则必须按段落来写。标点的问题也是如此,学生常用实心圆点代替圆圈句号,用逗号代替顿号等。这些现象虽然不影响交际,但要使学生懂得每一种语言都有自己的标点符号体系，不能正确运用该语言的标点符号，就不算很好地掌握了该语言的写作技能。

总之，教师要仔细研究学生母语写作和汉语写作的共性和差异，使汉语写作教学更有成效。

（二）处理好课堂写作和课后写作的关系

课堂写作应与课后写作相结合。写作课课时有限，一般每周只有两课时左右。如果主要用来写，就占用了讲评和学范文的时间，学生也会觉得没有收获；但完全让学生课后写，又难以发挥写作课的指导作用，所以教师应该把握好二者的关系，既要有效利用有限的课堂时间，又要善于调动学生课后写作的积极性。可指导学生利用课堂时间列提纲或写短文、段落，一些改写、续写、看图说话等用时较短的练习也较适合在课堂上完成。一般来说，课堂上让学生写的时间不应超过半小时，写长文的任务则应放到课后去做。

（三）书面表达训练的阶段性

与其他技能训练一样，书面表达训练具有显著的阶段性，而各个学校对写作课的安排要比听、说、读的安排少得多。关于各个阶段写作课的内容，不同学校可以有自己的特点，但应坚持在不同的教学阶段都设置书面表达训练的原则。事实上，近年来写作教材的编写也是向着这个趋势发展的。如北京语言文化大学出版社出版的《汉语写作教程》就强调"通用性、组合型、滚动式"，编写了初、中、高三个级别的写作教材；高等教育出版社的《体验汉语写作教程》同样分初、中、高级六本；北京大学出版社的《留学生汉语写作进阶》分阶段排列了句子训练、段落训练、篇章训练三部分，都体现了阶段性原则。对外汉语教学机构应该及时引进这些教材成果，合理安排书面训练，把写作课上得更有趣，从而缓解学生对汉语写作的畏难情绪，使学生爱上写作。《体验汉写作教程》在写作课的丰富性、趣味性方面做了很好的尝试,值得写作课教师借鉴。

(四)评改策略

1.适度纠错

学生的汉语写作,尤其刚开始的书面表达练习,大多会存在大量的错误。而学生非常重视教师的反馈,期待有一个不错的结果。如果教师一一细改,会使学生习作上一片红色,打击学生学习的信心。因此,应该有一个渐进的改进过程,一开始不能过细,而要抓主要的问题,逐步走向细致、深入,逐渐纠正错误。不能指望一蹴而就,一次修改就解决所有的问题。有些错误还会反复出现,教师应有足够的耐心,反复指出,使学生逐渐减少错误,使其写作日臻完善。但同时值得注意的是,对外汉语教学教师长期处于中介语环境中,对语言的确切性、地道性一定要保持足够的警惕,如果不保持警惕,就会失去对语言的敏感性,常常宽容一些不地道的语句。例如:

"狼吼叫,大象甩鼻子打狼。"

"北京有很多美丽的地方,拿颐和园来说,简直太好看了。"

类似这样的句子,在初级阶段,教师可以适度地批改,关注存在更严重错误的句子。但随着学生写作水平的提高,教师要把它们改得更妥当,引导学生写出地道的汉语句子:

"狼冲着大象吼叫,大象甩起鼻子打狼。"

"北京有很多美丽的地方,拿颐和园来说,风景简直太优美了。"

适度纠错还要注意尽量保留学生所写意思,不要过多改动,避免把学生的句子改得面目全非。

2.评语要具体、有针对性

学生重视教师的评语,教师写评语要具体、有针对性,不能泛泛而谈,不要总写"句子通顺""叙述流畅"等老生常谈的评语，也应避免每次都只写"不错""好""很好"等过于简单的评价。这种重复没有意义，学生也不能跟教师交流、沟通。教师应根据学生的习作写出评语，优点具体实在，问题直接清晰，使学生一目了然。

除了谈语言问题，教师也可就内容和学生展开交流，对遇到问题的学生作具体指导帮助，真正做学生的良师益友。

3.肯定式讲评与否定式讲评

肯定式讲评应提名表扬，当众阅读出色的习作，这不仅对被表扬者是极大的鼓励，也能激发其他学生的写作积极性。一个班的学生中，汉语表达能力肯定有高低之别，不能总是表扬那些水平高的学生，要特别注意那些水平相对较低的学生的情绪，特别关注他们的点滴进步，在他们的习作中挑出一个好句子、一处好的表达当众阅读一下，也会起到很好的激励作用。

否定式讲评则应是不点名的，并且应该是总括分类式的讲评，不把个别的、不具普遍性的问题当堂来讲，即使对于某位同学来说是系统错误，也要个别问题个别解决，这样才能既保护犯错学生的写作积极性，又维持全班学生听课的兴趣。教师应养成搜集学生语误进行分析的习惯。当发现一次作业中出现了三个以上相同的错误时，就要引起注意，这可能是一个普遍性的受到母语负迁移影响的批改要点。教师可把这些错误抄录下来，然后排列，发现其规律。这其实也是发现研究点的好方法。例如，在批改《超级肥皂》这篇作文时，笔者就抄录了如下的句子：

"小姑娘的父亲，他就是以前卖超级肥皂的人。"

"一个商人他在路边摆了一个小摊儿。"

"第一个顾客他看起来像个厨师。有一个老大爷他一直在犹豫。"

第一个这样的句子出现时，并没有引起笔者的关注，觉得还过得去。但一次次出现相同的问题，让笔者意识到这是需要拿出来讲解的语言点。讲评时，笔者在黑板上列出第一个句子时，学生没有发现问题，当笔者列出所有的句子时，学生自己就找出了问题所在，并作出了正确的修改。这一次讲评后，同样的错误学生基本没有再犯过，效果十分显著。

肯定式讲评可以和否定式讲评结合，如指出一个普遍性错误，可将没有写错的学生的习作拿出来表扬，鲜明的对比可从正反两方面加深学生印象，促使学生进步。

第五章　文化视域下的对外汉语教学

第一节　文化视域下的对外汉语教学的意义

汉语记录着汉民族的历史和文化，透过汉语可以考察汉民族的历史和文化发展轨迹，窥见汉民族绚丽多彩的文化形态。对外汉语教学的跨文化语境，注定其教学活动开展于一个多元文化场，促进不同文化交流成为其不容回避的现实需要。因此，要在借鉴历史、审视现实的基础上，一边合理地继承，一边积极地修正，对文化进入对外汉语教学提出理念构想，开发新的路径，以期搭建对外汉语教学发展的平台。

众所周知，语言和文化是密不可分、共生共存、息息相关的。文化语言学者邢福义曾用"水乳交融"来形容二者之间的关系，美国学者拉里·萨姆瓦（Larry A. Samovar）也说："语言不仅是一个转述经验的工具，而且，更为重要的是作为说话者解释经验的一种方法。换言之，文化的语言习惯帮助人们选择并解释那一语言化的世界。"语言是文化的载体，语言的要素具有一定的文化内涵，语言的运用也要遵循一定的文化规则；文化是语言的根基，任何一种语言都要有它的文化土壤，才能生根、发芽、成长，一种语言的文化基础越深厚，它所负载的文化信息就越丰富。

就汉语而言，其自身语音、词汇、语法等系统中都蕴含着丰富的文化因子，汉语特有的书写符号——汉字，更保留了汉民族文化的高度智慧和精髓，使得它与其他语言相比具有更加浓郁的文化特质。汉语扎根于博大精深、源远流长的中国文化土壤，它在产生和发展过程中，自觉保存和传递着中国文化，记录着中华民族的历史进程，蕴含着中华民族的文化心态和思维方式。因此，在对外汉语教学中，汉语的学习离不开对中国文化的学习，汉语的教学离不开对中国文化的教学，汉语的推广也离不开中国文化的传播。下面就从微观和宏观两个层面探寻文化进入对外汉语教学的必要性。

一、汉语的学习需要文化的教学

（一）汉语语言中蕴含着丰富的文化内容

语言文字和思想文化虽说是两码事，然而由于语言文字是交流思想、传播文化的工具，而思想文化又是抽象的，必须依靠语言文字这个物质外壳而存在，所以语言文字和思想文化总是纠缠在一起，很难撕扯得开。语言反映着文化，又受到文化的制约，不懂一种语言背后的文化，就难以正确地理解和使用这种语言。对外汉语教学作为汉语的教学，同样如此。汉语是最重要的交际工具之一，但汉语不仅仅是一种交际工具，跟汉语社会相联系的是人类社会中一种极其深邃、久远、广阔的文化。因此，汉语是一种深刻的社会文化知识。从这样的角度来看待汉语，就可以看到汉语的概念里面所包含的内容是极其复杂，极其丰富多样的。汉语中蕴含着大量的文化信息，这些文化直接影响外国学生对汉语的理解和使用，是对外汉语教学中不可或缺的组成部分。

（二）文化是影响学生汉语学习的重要因素

吕叔湘先生说过："学外语而不懂其文化，等于记住了一连串没有实际意义的符号很难有效地加以运用，而且每每用错。"文化作为一种社会现象和历史现象，具有民族性、区域性和时代性的特点，不同文化之间呈现出不同的文化形态，这种文化形态的差异反映到语言层面上，就会表现出语言的差异。语言包括语言的使用方式在内，都不能离开文化而独立存在。厄恩斯特·卡西尔（Ernst Cassirer）认为，人类文化的发展是和表达文化的媒介——符号紧密相连的，文化的发展实质是符号的发展。因而语言绝不仅仅只是工具，它影响着人们的价值观念，语言所表述的内容一定是与那种语言的整体背景，也就是那种语言所显示的文化世界密切相关的。所以对语言的学习并不是把语言所表述的表面内容掌握好就行了，而是要进入那个整体性的语言世界中去。

（三）文化教学有助于激发学生的学习动机和兴趣

文化作为汉语语言学习中的一个重要组成部分，不仅对汉语语言的理解和运用具有重大影响，还影响着学生汉语学习的动机、兴趣等。语言的学习其实是一个相当枯燥的过程，语言的熟练操作必须通过大量的练习才能获得，乏味的内容和重复的操练很容易使学生的精力过度损耗，形成倦怠心理，对语言学习活动的热情逐渐丧失，从而产生消极态度。在对外汉语教学中，复杂的汉语语言、陌生的文化环境常常让许多外国学生感到无比的沮丧，从而丧失了汉语学习的积极性，加上有的国家学生受到文化差异的影响，学习的主动性和努力程度都不尽相同，如何激发学生的学习动机，培养学生的学习兴趣，就成为摆在很多对外汉语教师面前的难题。

二、当今时代的发展需要文化的教学

随着全球化的深入发展,世界被浓缩为一个"地球村",不同国家、不同民族的交流和互动越来越频繁。无论是从中国自身的发展来看,还是从世界的和谐发展来看,汉语和中国文化的推广既是世界了解中国的需要,也是中国走向世界的需要,对提升中国的国际影响力、促进中外多方交流和实施中国文化发展战略都发挥着重要作用。任何一门语言对外推广的价值,都大大超过了语言本身的发展价值。汉语作为中国的官方语言,在国际经贸往来与文化交流中发挥着越来越重要的作用,在国际上的地位也不断提升。但是,也应该清醒地意识到,汉语国际推广的真正实现不能仅靠行政力量和政治手段,只有具有坚定的文化自信,自觉地用文化的魅力带动语言的推广,才能真正实现语言和文化的强盛,在世界上赢得更广阔的发展空间。

对外汉语教学在推广汉语、传播中华优秀传统文化的同时,也要主动汲取世界上其他文化中的优秀成分,补充到本国文化中来,更要站在国际理解教育的高度,增进不同文化背景、不同种族、不同宗教信仰和不同区域人们之间的相互了解和宽容。对外汉语教学是一个难得的多种文化交汇且交流地位相对平等的平台,利用这个良好的平台,可以培养学生在对本民族主体文化认同的基础上,尊重、了解其他国家和民族文化的基本精神和风俗习惯,学习、借鉴与不同文化背景的人们平等交往、和睦相处的修养与技能,探讨全人类共同繁荣与发展的价值观念。因此,对外汉语教学不仅要大力推广汉语,弘扬中华民族文化,加强国际文化交流,增强中国文化的影响力,也要通过与各民族文化的交流和沟通,促进世界文化多元发展,消解西方文化霸权,通过文化之间的和谐互动推进时代发展和进步。

（一）全球化背景下文化问题的日渐突出

随着世界的发展和科技的进步，全球化已发展成为一股势不可挡的社会浪潮，它波及政治、经济、文化等人类生活的各个领域，是世界各国建立在金融和生产一体化基础上的社会同质化过程。虽然目前还没有一个普遍认同的全球化定义，也没有形成行之有效的全球化模式，但全球化趋势正在不断推进且不可逆转，这已成为不争的事实。人们发现，在那些貌似自主和不相干的领域之间有着隐秘的联系，通常认为只是孤立的和依次发生的事件原来是事物的有规律的变化和有着某种内在的关联，它们具有一种全球性的特征，这种全球性正是它们的唯一根源。

（二）弘扬中国优秀文化需要文化的教学

前面已经论述到，在当今全球化背景下，文化的重要性已经日渐凸显出来。文化与政治、经济相互交融，在综合国力竞争中的地位和作用越来越突出，文化深深地熔铸在民族的生命力、凝聚力和创造力当中，显示出强大的精神力量。在文化的交流过程中，各个国家都试图通过文化软实力的提升来获取更多的国家利益。从国家软实力的建设来看，文化是一个国家软实力的标志，它在国际竞争中具有举足轻重的地位。按照美国教授约瑟夫·奈（Joseph Nye）的观点："一个国家的综合国力既包括由经济、科技、军事实力等表现出来的'硬实力'，也包括以意识形态和文化吸引力体现出来的'软实力'，软实力集中归纳为文化影响力、意识形态影响力、制度安排上的影响力和外交事务中的影响力。"一个国家文化软实力的高低，取决于该国在国际社会所获得的文化认同感和影响力的大小。一个国家、一个民族的文化传播能力是体现国家整体实力和民族精神的重要标志之一。能否抓住机遇、主动出击，传播自己的文化，既是民族文化发展与推进战略的必然选择，同时也是一个国家通过其优秀文化展示自身文明发展成果的重要选择。因此，当今世界各国无不注意其民族文化的传播，都在努力开拓和丰富其文化传播途径。

（三）世界多元文化发展需要文化的教学

多元文化是人类社会在发展进程中，随着社会结构的不断复杂化、人际交往的日益频繁化、信息流通范围的扩大化而衍生出的产物。这是由不同国家、不同民族所处的不同地理位置、地理环境造成的，是由世界各民族的不同文化长期积淀、发展而形成的，也是事物发展多样性的必然结果。经济和科技的快速发展，带来了全球范围的贸易行为和国际生产的空前发展，经济全球化已成为当今世界发展的时代主题。作为上层建筑的文化，不可避免地会受到经济全球化的影响，开始在全球范围内迅速传播、交流、互动和整合。

第二节 文化视域下的对外汉语教学目的

一、以培养语言能力为基础

（一）语言能力的界定

在语言学与应用语言学的研究中，语言能力这个概念使用得非常普遍，内涵也极其丰富。不同学者从不同的研究角度和目的出发，就会对其产生不同的理解和分析，所以迄今为止，语言能力的定义在语言学界并没有一个非常统一而精准的界定。语言理论界对"语言能力"的定义往往从研究者自身的理论视角和理论需要出发,并不囿于某个固定的概念。在语言教学领域,语言能力也是一个使用频率相当高的概念,并且有着多种理解。例如,有学者将交际语言能力分为语法能力、社会语言能力、语篇能力和策略能力四个方面;还有学者认为语言能力概念包括语言知识、社会语言知识,以及运用这些知识的技能等。

就对外汉语教学中对语言能力的理解而言,语言技能主要包括听、说、读、写等方面的技能及语言技能的综合运用的能力;交际能力既包括语言形式的理解和掌握,又包括在不同场合、地点对不同的人进行成功的交际的能力;跨文化交际能力是指来自不同文化背景的人之间进行交际时,具有强烈的跨文化意识,善于识别文化差异和排除文化干扰并成功地进行交际的能力。这三种不同的观点实际上都是围绕着语言理解和运用的能力来展开的。对语言的理解需要对语言知识的掌握、对语言的运用,离不开对语言技能的训练和交际能力的培养。因此,在这里将语言能力界定为语言的理解和运用能力,这样语言技能、交际能力等都涵盖在了语言能力的范畴之内,可以看作语言能力中相互关联的几个不同层面。

(二)语言能力的构成

在外语教学界,有学者将外语教学的目标按照由低到高的次序划分为五个不同的行为阶段:第一阶段为通过模仿、背诵来习得目的语知识的机械记忆阶段;第二阶段为以学习目的语的基本知识、规则及其他相关内容为主的学习知识阶段;第三阶段为将所学知识运用于不同场合,即知识迁移阶段;第四阶段为以外语及其文化知识为工具进行自然交际的阶段;第五阶段为运用获得的知识进行创造性的分析、评价或研究的创造阶段。该目标把语言的发展过程揭示为掌握语言知识→理解语言意义→内化语言知识→运用语言于实际→创造性使用语言。斯特恩(H. H. Stern)在《语言教学的基本概念》中也认为,语言能力的获得要包含四个主要方面：语言形式的掌握、语义的获得、交际能力的培养及创造性的开发。他所理解的语言习得过程包括学习语法规则→理解语言意义→培养交际能力→创造性地运用语言。这两种观点都以语言习得的基本过程为线索，前一层面是下一层面的基础，下一层面是前一层面的提升。这两种理论都涉及对语言发展层次的理解，为语言学习者提供了更为广阔的思维空间。2001年，欧洲理事会历时9年制定了《欧洲语言共同参考框架：学习、教学、评估》，于2003年修订后正式出版。该书全面地描述了语言学习者进行有效交际所必须掌握的知识与技能、语言活动、语言运用的环境与水平标准，其中就有对语言能力的描述。该书将语言能力分为两个方面：综合能力和语言交际能力。综合能力包括知识、能力与技能、精神境界、学习能力；语言交际能力包括语言能力、社会语言能力和语用能力三个方面。欧洲理事会推出的《欧洲语言共同参考框架：学习、教学、评估》是欧洲各国外语教学和评估的标准，为欧洲语言教学的大纲设计、课程指南、测试和教材编写等提供了理论基础。

二、以促进文化交流为旨归

（一）自觉推广本国文化

对外汉语教学作为传播中国文化的一种途径，要维护其所传承的文化，服务于文化的传播和推广，以实现中国文化的发展。同时，教学作为一种比较含蓄、柔和且易于接受的方式，更利于学生接纳和认可异国文化，完成教育的教化功能。过去的对外汉语教学由于"语言工具论"的影响而导致了中国文化的缺失，严重削弱了教学的文化功能。因此，文化视域下的对外汉语教学应对教学和文化的关系进行重新审视，摒弃语言工具观，实现教学的文化自觉。对外汉语教师应该真实、客观地向外国学生介绍中国文化，消除外国学生对中国文化的陌生感或误解；对外汉语教师所传播的文化既不能曲高和寡、难以消受，又不能以偏概全、自我否定；对外汉语教师应该让中华民族最好的东西进入世界文化的丰盛筵席，让外国学生品尝到独特、营养的文化大餐，让中国文化得到接纳和赞赏。正如美国大学理事会及 AP 汉语与文化课程委员会发布的《AP 汉语与文化课程概述（草案）》中所阐述的那样："AP 汉语课程同时把中国文化放到国际背景下来看待。学生对中国文化以及社会问题的学习必然受到全球化背景的影响，他们应该发展在全球重大问题背景下看待中国所充当的角色的意识。通过对中国文化产物、习俗以及观念与学生自身所处社会相关情况的比较，AP 汉语课程帮助学生拓宽其国际视野。在此基础上，学生才能最终超越对中国文化产物以及习俗的知识性的学习，从而理解透过这些文化表象反映出来的中国式的世界观。"文化的熏陶和影响是一个渐进的过程，因此要有足够的耐心和毅力，坚持不懈地传播中国文化，将源远流长、博大精深的中华优秀传统文化扎根于外国学生的心中，使他们在了解和喜欢中国文化的同时，进一步加深与中国人民的友谊，实现语言和文化传播的交相辉映。

（二）理解尊重异国文化

对外汉语教学为汉语学习者提供了一个获取多种文化知识、理解多元文化思想的机会。在多元文化发展和国际理解教育的理念框架下，对外汉语教学在自觉传播本国文化的同时，要求汉语学习者承认和尊重其他民族的文化，消除因文化差异所产生的不平等。在对外汉语教学中，对外汉语教师应使所有学生的语言、文化和宗教都受到正视及尊重，通过承认文化之间的平等，公正地对待其他文化、种族和国家的价值与理念，培养具有多元文化理念与精神的个体。

要坚决摒弃第二语言教学中的文化单边主义，对外汉语教学也不例外。美国语言学家斯蒂芬·克拉申（Stephen D. Krashen）将外语教学活动看作双向文化互动的过程，这种文化互动模式不是以目的语文化的行为为标准单向输入，而是强调多种文化的共同参与、不同文化之间的交流互动。他指出，外语学习是一个打破"界限"的过程，学生在学习过程中认识到同一事件可以采用不同的参考框架来理解，应该保持平等地看待各种文化的态度，并培养汲取目的语文化思想内涵的能力。马克思主义认为："平等是人在实践领域中对自身的意识，也就是人意识到别人是和自己平等的人，人把别人当作和自己平等的人对待。"文化的平等是指一切人类文化群体在其本质上并无高低贵贱之分，而是拥有同等的地位和发展权利。尽管不同群体的不同文化拥有不同的形态与特征，有着不同的历史与成就，但任何文化都是人类某一特定群体生存方式的反映，是在漫长历史发展过程中所形成的民族特质。平等是文化多样性发展的基础，是文化之间和平共存的前提。因此，在对外汉语教学中，要立足中国五千年文化的文明传统，面对世界各国文化融合的客观现实，在保持自身文化独立性的同时审时度势，了解世界文化语境，审慎地吸收其他文化内容，在借鉴的基础上更好地创造和发挥，而不是使之流于浮泛和庸俗。而且，面对来自不同国家和地区的不同文化背景的留学生，只有以客观、公正、包容、理解的态度来对待文化差异，才能解决文化冲突，赢得尊重。

第三节　文化视域下的对外汉语教学内容

一、文化内容的选择

（一）文化资源的存在状态

什么是文化？这一概念本身就是有争议的。通常人们把文化分为物质文化、制度文化和精神文化三大类。物质文化是指为了满足人类生存和发展需要所创造的物质产品及其所表现的文化，包括饮食、服饰、建筑、交通、生产工具等，是文化要素或者文化景观的物质表现方面。制度文化是人类为了自身生存、社会发展的需要而主动创造出来的有组织的规范体系，主要包括婚姻家庭制度、社会组织、政治组织、等级制度等。精神文化是人类在从事物质文化基础生产上产生的一种人类所特有的意识形态，包括价值观念、宗教信仰、心理意识、行为规范、风俗习惯、民间技艺等。由此可见，文化是一个内容相当广泛的概念，几乎无所不包。文化内涵的复杂性和文化分类的多样性，为对外汉语教学提供了广阔的文化资源，既有自然的，又有社会的；既有显性的，又有隐性的；既有虚无的，又有实物的；既有活动的，又有静止的；等等。从理论上说，这些文化资源都能成为对外汉语教学中的文化内容，因为文化教学是综合文化的教学，每一个文化点都包含了很多文化方面的内容。例如，介绍某一处名胜古迹，就融合了地理文化、气候特点、历史知识、建筑艺术、哲学思想、审美倾向、古典诗词等多种文化内容。各个方面的文化内容往往是有机而和谐地交织在一起的，这是大多数文化存在的真实状态。因此，对外汉语教学中的文化也具有复杂多样的特点。

任何可能的文化资源都会因地域环境、传统习惯以及主体差异而不同。即便是在同一个大的文化背景下，不同的地区可供开发与利用的文化资源也不尽相同，其构成形式和表现形态也可能迥然不同。而且，文化资源也并非一直处于静止状态，而是随着社会的发展交互作用、动态生成的。

（二）文化内容的选择取向

文化资源存在的广泛性、差异性和变化性，这为选择进入对外汉语教学的泛文化内容带来了困难。例如，针对文化资源的丰富性，到底该选择哪些内容呢？是不是有关的文化信息都可以进入对外汉语教学当中呢？针对文化资源的差异性，又该选择何种文化进入呢？是差异大的还是差异小的？如果要进行文化间的对比，该选择哪一国的文化呢？选择的标准又是什么呢？教师是否对每一种外国文化都有较为全面、正确的认识呢？针对文化资源的动态性，该选择当代文化还是传统文化呢？是主流文化还是个性文化呢？如何才能做到不偏不倚、公正客观地介绍呢？这些问题正是导致对外汉语教学界尽管经历了近几十年的研究和讨论，直到现在仍然没有一个统一的标准，也难以界定出一个适合对外汉语教学需要的文化纲目的重要原因。

基于上述原因，人们认为对外汉语教学中的文化内容是动态的，是一种复杂的物质的和精神的高级复合体，是超越具体文化形态并以鉴赏、批评、反思、生成为机制的建构性文化，它所包含的内涵、价值与意义永远处于一个不断增加或减少的状态中，各种文化的特质不断此消彼长导致无法建立一个明确的、可供操作的具体纲目。有学者说，"与'语法''词汇'等纯语言类大纲不同的是，'文化大纲'应该是一个开放型的大纲……'文化大纲'的基本框架应该是一种有主干、有分支的'树状'结构而非'线性'结构，即具有可选择性的'开放'形态。"并且，"语法""词汇"等语言类大纲更多的是客观规律的反映，因而教学大纲是一个线性的大纲，可以从高到低按照一定的顺序排列；文化教学则不同，它大都是以内隐的方式，既可以存在于语言系统之内，又可以存在于语言形式之外，不同的学生个体对文化的学习需求有很大区别。同时，仅选择部分文化进入教学内容中，无法满足学生的需要，文化这棵"大树"也显得枝疏叶稀。但是，囊括所有的文化内容会增加学生的学习负担，而且在教学活动时间和空间上也不允许，根本不具备现实的可能性。鉴于此，应该在一定原则的指导下，选择一些相对宽泛的文化内容。所谓"一定原则的指导"，是指对外汉语教学中的文化内容不是盲目无序地，文化的选择必须符合一定的要求。

（三）文化内容的重点领域

1.影响语言理解和运用的文化

在对外汉语教学中，影响语言理解和运用的文化与汉语学习关系最为密切，汉语中所包含的文化内涵几乎无法穷尽，语言系统中的各个要素无不或多或少、或隐或现地蕴含着文化的信息，这些文化不但会影响学生对语言知识的理解，而且会影响学生对汉语语言的应用。在对外汉语教学中，教师不能只停留在语言表面的意义和用法上，还应该介绍语言中所包含的文化内容，尤其要呈现其在真实文化语境中的具体使用情况，透过语言文化内涵开展对外汉语教学，减少汉语习得中的文化盲点。

2.中国特色文化艺术

世界上各个国家和民族都不是完全相同的，都有自身的特异性，这正是各种文化的吸引力所在。越是民族的东西，就越容易吸引世界的目光。中华民族历史悠久，有其独具民族特色的文化艺术，如饮食文化、服饰文化、建筑文化、器具文化、节日文化等；还有大量具体的文化形式，如京剧、功夫、剪纸、书法、民歌……这些特有的文化艺术形式不仅可以引发学生浓厚的学习兴趣，其承载的文化内涵和价值可以于无形中对学生进行熏陶，即便这些文化内容庞杂、专门性强，不可能全部纳入对外汉语教学的文化内容之中，但是对外汉教师可以根据学生的需求和兴趣以及学生学习所在地的地域文化特点进行教学，这样学生就能够学有所趣、学有所依。

二、文化内容的组织

（一）以主题为中心组织文化内容

目前，国际上流行着两大教学体系：分科式教学和主题式教学。分科式教学根据各门科目的教学规律、教学原理和教学方法制定相应的教学目标、教学任务、教学内容、教学要求、教学过程和教学方式方法等。分科式教学注重内容的分类、连贯、系统，适合知识的处理和传递，因而在我国，传统的教学内容大多是以这种形式来组织的。但是，这些内容都是事先规定好了的，是由外部力量规定学生必须掌握的东西，而在现实情境中了解和应用的知识往往不是这样呈现的，所以这样的教学难以引起学生的兴趣。主题式教学是要求教师在主题的指导下，根据学生的实际情况，有针对性地选取教学资源，从不同的侧面使学生学到各种知识，同时让学生参与教学，让他们自己收集资料、提出问题、解决问题。

（二）以经验为中心组织文化内容

教学内容不仅涉及学科知识，还包括学生的社会生活经验。然而，当前学校的各门课程均是以科目为结构设置的，把科学学科作为观念结构和世界知识的基础，把学生定格在预先设定的书本知识和科学体系中，满足于科学知识的传递，而不是把学生的实际经验和真实问题作为出发点，致使学生与现实生活的疏离感日益增强，社会意识逐渐淡化。在对外汉语教学中，汉语学习者本身就缺乏对中国文化的经验体会，如果文化内容的组织与学生生活、认知方式和心理等脱节，就会导致学生与目的语文化之间更加疏离。现代知识论认为，知识的获得是一个动态生成的过程，在这个生成过程中，个体已有的生活经验起着非常重要的作用。

以经验为中心组织对外汉语教学的文化内容，意味着文化的教学要回归生活世界，直接面向留学生的生活，与生活融为一体。文化教学的内容不仅要关注那些客观的、系统的普遍文化知识，更要关注那些主观的个体文化知识，关注学生在生活世界中的体验、生活经验，也就是要与学生的日常生活、学习生活和未来的工作生活结合起来，努力实现科学世界与生活世界的融合。对外汉语教学的文化内容要尊重汉语学习者的个体差异，为汉语学习者的文化自主选择创造机会，而不能将他们简单地视为教学活动中的文化接受者。每一个个体在接受知识与文化的同时，也在创造着新的知识与文化，外国留学生在社会交往中，在日常生活的体验中，在文化的自我反思与对照中，更要实现与文化的深层贴合，对文化进行自觉的开发。

（三）以活动为中心组织文化内容

对外汉语教学中文化内容的组织应考虑活动这一因素，以多种多样的方式进行。比如文化表演、文化参观、文化案例分析、文化交流等活动形式，能使留学生充分参与和理解中国人的各种习俗活动和社会生活。通过这种亲身实践活动，汉语学习者对文化的认知有综合性的探索与研究，能将学校与社会、科学与人文、认识与情感有机结合起来。总之，以活动为中心的文化内容组织强调走出书本，走出课堂，走进当地社会生活，运用所学文化知识，去接触广阔的文化天地。

除了主题、经验与活动这些显性的组织形式，对外汉语教学中的文化内容组织还可以关注那些潜在的文化教育内容。例如，对外汉语教学中的文化组织可以充分利用潜在课程的特点，在教学活动与教材编写中适当涉及文化内容，将其反映在语言学习和技能训练之中。又如，尽可能营造文化习得的教育环境，在教室、走廊、宿舍的装饰以及课外活动的设计等方面都尽量考虑如何加入文化内容，营造浓厚的文化氛围，形成隐性的文化影响力，使汉语学习者受到潜移默化的影响。

第四节　文化视域下的对外汉语教学实施

一、体验教学：在过程中强调文化感悟

在对外汉语教学中，文化的体验与过程紧密相关。体验作为一种活动，本身就具有过程的性质，无论是认识活动还是实践活动，都需要经历过程。对外汉语教学中的文化体验就是学生参与文化的活动过程，文化的思想观念与行为规约需要在过程中逐步体验。卡西尔有个著名的观点：人只有在创造文化的活动中才成为真正意义上的人；也只有在创造文化的活动中，人才能获得真正的自由。换句话说，文化主体的参与意识愈强烈，其文化创造性才愈丰富。对外汉语教学中的文化追求应当是创造和建立一个自由开放的环境，生成和发挥汉语学习者文化创造能力的过程。汉语语言中富有文化生命力的部分需要在语言运用的过程中细细体味，各种文化的具体形态需要在实践的过程中慢慢领悟，在体验的过程中学生进行文化的再创造。缺乏体验，就无法实现文化的内化；缺乏过程，就会倾向体验的肤浅、空洞。

对外汉语教学中的文化体验要将课堂环境与社会环境相结合。课堂环境中

的文化体验主要是指间接地观察和品味文化的内容，例如，通过观看真实记录与反映中国文化的电影、录像或其他视听材料，学生接收到一些有关中国的历史、人们的生活习俗等的文化信息，在感官上贴近真实的生活，在轻松愉悦的心情中品味文化内涵；借助一些图片、实物或者模拟实物等，说明、解释某种特有的文化现象，学生领略浓郁的文化气息；通过展示一张中国餐馆的菜单，学生了解中国饮食文化一角。社会环境中的文化体验是让学生直接接触文化的内容。譬如，要让学生了解中国的节日文化，就可以选择某个中国传统节日，让学生深入普通的中国家庭，了解、体会中国人在这个传统节日中的习俗。在国内进行的对外汉语教学文化体验有得天独厚的文化环境，如中国悠久历史遗留下来的一大批名人故居、文化名城等。只要把这些具有中国文化特色的点滴撷取出来，将文化和教学结合起来，就能创造极佳的语言文化学习环境。

二、对话教学：在平等中减少文化冲突

文化冲突是不同的文化形式在相互依存、相互碰撞的过程中或某一文化形式由一个阶段发展到另一个阶段时，因价值观念、思维方式、行为规范等差异而导致的文化形式之间的相互对立的现象和过程。在教学过程中，文化冲突会自觉或不自觉地被反映出来。西方学者将文化适应过程分为各种不同的阶段，典型的有"四阶段说"，即新奇兴奋阶段、文化冲突阶段、缓慢起伏的恢复阶段、基本或完全适应阶段。在文化冲突阶段，由于初期的新鲜感已经过去，人地生疏、文化差异等所带来的影响总让人产生沮丧孤独、烦恼焦虑等情绪。文化冲击在学习者身上也会有不同程度的显现，其区别在于学习者母语文化与目的语文化差异的大小，个人性格、经历等的不同。在这个阶段，如果文化冲突解决不好，就会导致学生采取消极回避的态度，甚至对目的语文化产生敌意，或因承受不了心理压力而离开目的语文化环境。

在对外汉语教学过程中，课堂上出现的文化冲突不胜枚举，文化冲突不仅包括学生母语文化和汉语文化的冲突，还包括不同学生之间母语文化的冲突。对同一篇课文、同一个句子、同一个手势，拥有不同母语文化的学生会产生不同的文化理解，这些冲突或明显，或隐蔽，都会不同程度地影响学生语言的习得和对文化的接收。对话意识有助于培养学生的价值选择和判断能力，不同的文化之间肯定会存在一定的差异和各自的独特性，文化之间的特殊差异性有可能导致文化冲突，但差异本身并不意味着冲突。它同样可以成为而且更应该成为相互交往和对话的理由：因为差异，才有相互了解和理解的必要；因为需要相互了解和理解，才必须展开相互间的交流和对话。对话实际上是把学生的本民族文化和目的语文化通过语言有机地结合起来，这是实施文化教学的最好方式，也是培养学生化解冲突和解决实际问题的最佳办法。对话的结果是学生内部认知和思维的变化，他们必须在两种文化中选择一种可供沟通的行为，这个选择的过程实际上就是文化创造力形成的过程。文化创造力的形成是学生主观能动性的表现，是其主动从外国文化中汲取营养能力的体现，这种主动摄取和机械模仿并不相同。这种对话的过程不是线性的，而是螺旋性的：对话的收获主要不是来自"认识"，而是来自"理解"；这样的对话也不是一次完成的，而是伴随着阅历的增长、生命的丰盈而不断地走向深刻、走向人与文的相互融合。对教学而言，对话意味着共同参与，意味着相互构建，它不仅是教学活动方式的改变，更有利于在师生之间营造自由、民主的教育情境和精神氛围；对于学生而言，对话意味着心态的开放、个性的彰显、主体性的凸显、创造性的解放；对于教师而言，对话意味着上课不仅是传授知识，更是一起分享理解，是专业成长和自我实现的过程。

三、对比教学：在比较中缩小文化差异

通过对比教学，可以寻找和探求不同文化之间的共性。毋庸置疑，在跨文化交际中，不同语言、不同文化之间的差异是造成交际障碍的主要因素，但大体说来，人类的思维仍具有较大的共性。不同民族的人们在生产生活过程中总会有或多或少相同或相似的生活经验，人们对自然界和社会的看法也大体相似，因此即使是在完全不同的背景下产生的文化也会有许多共通之处，有人把这些共性的因素称为"文化偶合现象"。"文化偶合现象"为文化的交流创造了前提，也能在语言和文化习得过程中产生正迁移。以汉英语言中的文化为例，汉语中有"王婆卖瓜，自卖自夸"的谚语，英语中虽没有完全等同的说法，但是有句谚语是"Every potter praises his own pot."，意思是"每个卖罐子的人都夸自己的罐子好"；汉语形容一个人"脾气很倔，不肯轻易改变主意"，可以说"犟得像头牛"，英语中有"as stubborn as a mule（犟得像头骡子）"的说法；等等。由此可见，汉英两种语言对同一观点的表述虽然有所不同，但反映的文化观念如出一辙。这些文化共通现象在对外汉语文化教学中具有明显的辅助作用，为理解两种不同文化奠定了良好的基础。

作为文化的对比教学，当然是一对一的对比最具针对性。然而，从国内对外汉语教学的实际看，单一国家学生组成一个班级的情况较为少见，更多时候面临的是具有各种不同语言文化背景的学生。在这种情况下，对外汉语教师如果能尽可能多地了解一些外国文化固然是好，但是如果难以兼顾，那么对比的重点应是差异和冲突，目的应是遏制负迁移；对比的原则应是只比异同，不论褒贬，以共时对比为重点，着眼于解决交际中的现实问题，对比的应是主导（体）文化；对比的方法最好是一对一的对比，可以明比，也可以暗比，对比应是多层次的交叉对比。在比较中，要克服片面的、模式化的、狭隘的"文化定型论"，不能为了塑造不同文化之间的对比性，有意识地将两种文化之间的特征进行夸

张、扭曲，这样学生便会进入一种伪文化摄取的循环中。很多时候，困扰学生的并不是两种文化本身的差异，而是他们想象中的文化和现实中的文化所形成的强烈反差所造成的冲击。

四、适应教学：在调整中实现文化创新

文化适应是第二语言习得理论中的一个重要概念，它是指对一种新文化的思想、信仰、感情系统以及交际系统的理解、适应过程，是学习者与目的语社团的社会和心理结合。上述"四阶段说"实际上反映的就是学习者从接触一种新文化到逐渐适应这种文化过程中所必然经历的心理感受，但并不是所有的学习者都能完成这种文化适应，按照约翰·舒曼（John Schumann）的观点，文化适应取决于学习者的社会距离和心理距离。社会距离是学习者被目的语社团容纳并与之接触的程度，它由社会显性、结合方式、封闭性、凝聚性等一系列社会因素决定，可以影响学习者的态度和动机。心理距离指学习者对目的语社团的总体心理感受，它由语言震惊、文化震惊、动机、自我透性等心理因素决定。学习者在第二语言习得中，对目的语社团文化的适应程度将会制约其第二语言水平，所以帮助学习者克服社会距离和心理距离成为外语教育工作者需要重点考虑的问题。

文化的教学是一个持续不断的过程，其教学系统也具有开放性、动态性的特征。文化的教学应当是一种"循环式教育"，这种循环并不是简单的重复，而是教学情景在科学规律指引下的一种特定的转换方式。文化很多时候并非纯粹客观的知识，它依赖情景，具有境域化的特点，只有将其放入一定的情景之中，它才具有文化的意义。这些情景范围广阔、内容丰富，远远超出了课堂和教室的狭窄天地，与社会紧紧联系在一起，充满了多样性和不确定性。不仅如此，对外汉语教学中学习个体有着自己独特的文化背景、个性特征、理想信念、价

值观和认知方式，因而表现出很大的差异性。因此，文化的教学不仅要正视差异客观存在的事实，还要尊重和适应这种差异性。对外汉语教师要在教学中进入不同的文化系统，倾听不同背景文化学生的声音，了解其文化背景，并允许来自不同文化背景的学生为自己的文化历史发声，通过交流与对话，增进彼此的了解，从而构建和谐课堂。文化的教学要致力消解话语权威，实现师生之间、生生之间的多元互动。

第五节　文化视域下的对外汉语教学案例

一、教学案例设计

"八仙过海学汉语"是针对没有汉语基础的美国初高中学生和社会上的汉语学习者所设计的一套汉语教学方案，它根据《国际汉语教学通用课程大纲》中的各级语言、话题和文化目标编写而成，将语言、话题和文化自然结合，整合了大量不同类型的语言和文化学习材料，满足了不同层次学习者的学习需求，为学习者提供了有趣且富有挑战性的汉语学习材料。它充分利用多媒体等技术手段和不同资源形态，采用一整套交互性学习工具，提供多种学习功能，使学习者在非汉语环境中和课堂教学之外也能够独立自主地展开学习。

（一）设计思路

因为本套教学方案主要是针对没有汉语基础的中学生和社会学习者所设计的，因而在设计过程中主要考虑以下几个问题：①学习者语言能力较低，但思维认知能力已经发展成熟，因此必须考虑方案对其认知能力开发所具有的挑战性，同时兼顾语言能力有限对其学习的影响；②这类学习者学习汉语的目的主要是掌握基本的汉语交际能力和形成对中国文化的基本了解，因此要考虑如何将语言交流的话题和文化内容有机地结合在一起并体现在学习材料中；③这类学习者的学习需求和学习风格呈现出多样化特点，如何满足不同学习者的学习倾向和特点，为他们提供个性化的学习空间，也是需要考虑的问题；④这类学习者（尤其是社会学习者）的学习通常不能集中，分散在各个学习空间，因此要考虑借助技术优势支持他们自主学习。

针对以上问题，本套教学方案在教学设计中主要从以下几个方面予以解决：①设计开发有趣的学习材料，借助学习者母语来帮助其学习；②体现语言和文化的自然结合，以人们在中国旅行和生活的经历为线索，将中国文化的各个主要方面融入语言学习材料；③满足不同学习者的需求和风格，创造一个综合性的学习体系，为学习者提供大量多样的语言和文化学习材料，辅助学习者构建满足自我学习需求的学习路径和环境；④辅助学习者进行自我独立学习，充分发挥多种交互学习工具的作用，使学习者无论何时何地都可以自主独立地进行辅助性学习。

因此，本套教学方案的具体设计思路为：用一个美国高中生到中国旅游和生活过程中所记载的一系列日记的形式，将语言、日常生活交流情景与自然、文化等紧密结合在一起，既具有趣味性，又具有挑战性。其中，第一册和第二册是游记，记录该学习者与朋友来中国旅游的所见所闻；第三册到第五册为该学习者根据此后在中国做交流以及在中国公司做实习生的生活经历所记录的日记。在这些游记和日记中，汉语语言表达和中国民间故事，中华优秀传统文化和现代文化，中国不同地域、民族的风土人情等自然地串联在一起，体现了中国文化的方方面面。

（二）结构和内容

这套《八仙过海学汉语》共分为5册，每册有7~8个单元，每个单元包括5个部分：故事学习、深入探索、巩固提高、文化扩展、单元测试。

"故事学习"部分以一个美国高中生日记的形式体现，日记里记载了这位高中生的旅游和生活经历，同时插入对话，为学习者展示了丰富的语言和文化学习材料，并提供了多种真实交流语境下的使用机会。日记中夹杂了汉语和学习者的母语，使母语能在学习者汉语水平较低的情况下起到辅助学习的作用，随着学习的深入，汉语所占比重逐渐加大。这一部分利用多媒体课件为学习者提供两种浏览、学习方式：第一种方式，学习者一目十行地对故事有个整体初步的了解即可；第二种方式，学习者可以通过链接对故事中的语言和文化内容进行重点学习，这些链接可以为学习者提供随时查阅相关语言和文化扩展的信息的机会。

"深入探索"部分又包括以下四部分内容：①常用词汇部分，帮助学习者掌握故事学习中出现的一些日常生活场景中常用的汉语词汇；②交际文化部分，以视频的形式描述一些日常表达形式中的文化内涵和适用场合，同时附带相关的练习题；③语法学习部分，集中介绍一些重要的汉语语法结构，后面也附带相关的练习题；④成语典故部分，重点介绍故事学习中出现的成语的故事背景及其在现实生活中的用法。

"巩固提高"部分就故事学习中的重要语言点和文化点展开各类听、说、读、写的练习，同时包括词汇和句型游戏练习。每类练习均从基本词汇和简单句型的操练开始，逐步过渡到这些词汇和句型在更为贴切的语境中的综合应用。

"文化扩展"部分包括与故事学习相关的中国风情等方面的阅读材料和视频材料，每篇材料后面均附有阅读理解题、语法题和文化讨论题。该部分的阅读文章采用中文中夹杂英文的形式来呈现，目的是帮助学习者在阅读材料学习文化的同时，潜移默化地学习汉语语法。

"单元测试"部分位于每个单元的最后，为学习者提供一个检测、了解自己当前学习状况的途径，知道自己还需要改进的部分，从而更好地调整下一步学习的导向。单元测试也为教师提供了每个学习者的学习状况，便于教师为学习者提供相应的帮助。

（三）学习工具

为了满足学习者的不同学习需求，这套教学方案提供了多种学习工具。比如，每个故事中的汉语词汇都用不同颜色标识（绿色代表已学单词，红色代表重点单词，蓝色代表额外可掌握的单词）；每个单元都含有大量的语言与文化学习材料和活动，以链接的形式由学习者自主选择；附带一系列外围辅助工具来辅导学习者自主学习（如汉字收缩工具、语音工具等）。它还提供了学生用书和教师用书，教师用书为教师提供针对每个单元可采用的一系列课堂交流活动和文化讨论课题，学生用书则为学习者提供扩展学习的语言和文化活动。

二、教学案例分析

尽管由于条件的限制，无法得知这套教学方案实施的具体情况和效果，但是从本案例的设计来看，这套教学方案在以下几个方面是具有特色的：

（一）关于教学目的

本套教学方案在设计之初目的就十分明确：针对美国中学生和社会学习者进行汉语语言和文化的教学，使他们掌握基本的汉语交流能力和对中国文化的初步了解。因而方案的具体设计特别关注语言和文化的统整性，在整套方案资源的开发中时刻以此教学目的为指引，实现语言和文化之间的充分交互。这套方案的目的从设计理念来说，不仅在于让学习者掌握汉语语言，还在于加深学习者对中国文化的理解，因此在教学设计中不只注重对汉语知识和技能的传授，还让学习者在贴近生活的中国文化环境下进行考察，使学习者既能得到汉语语言能力的培养，又能了解丰富的中国文化。这套方案主要是以一个美国高中生在中国游历的生活经验为线索，将中华优秀传统文化的经典方面融入语言学习材料，既兼顾了语言的理解和运用，又体现了文化的渗透和融合。应该说，这个教学目的涵盖了语言发展与文化熏陶两个层面。

（二）关于教学内容

中国的文化资源十分丰富，要将这么多的文化信息纳入教学，必然面临一个文化选择的问题。以服务于教学目的为前提，如何将纷繁复杂的文化资源加以筛选，使其系统有序地进入教学内容，是设计的重点和难点。从教学内容的选择看，这套方案涉及的文化内容包含了中华优秀传统文化和现代文化、地域文化和民间文化、知识文化和交际文化等，针对这些文化内容既有基本的文化知识介绍，又有价值观念的深入挖掘，基本抓住了中国文化的主要方面。从教学内容的组织看，它以游记和日记的形式将这些文化内容自然地串联起来，生动而不僵硬，具体而不空泛，有趣而不乏味，系统而不零碎；而且这些内容针对性很强，能够满足学习者的学习需求。因为学习对象是在非汉语学习环境中进行学习的，考虑到他们无法真实接触中国社会现实，所以采用在学习材料中创设真实情景的方式，尽可能不脱离生活实际，同时通过十分有趣的学习内容吸引学习者的学习兴趣，让学习者在学习中受到潜移默化的影响和熏陶。

（三）关于教学方式

在本套教学方案中，文化的输入过程不是简单的知识灌输或观念移植，而是先从学习者自身文化的视角出发来观察中国文化的方方面面，然后对中国文化的内容进行深层次的阐释和剖析，使学习者理解文化现象背后的历史背景和现实意义，通过具体可感的生活场景进行沟通，丰富学习者的经验，最后达到让学习者理解和接受的目的。在这个过程中，语言和文化的知识不是单方面传递的，而是引导学习者层层探索文化现象背后隐含的文化内涵，追溯历史，对该文化现象的形成、人文活动、社会风气等有全面、深刻的了解。因此，这是学习者自主探究的过程，这种方式符合学习者的认知方式、心理特点和学习风格。另外，本方案还为学习者提供了极具个性化的学习方式，大量的文化补充材料链接在主体内容中，学习者如果充满兴趣，学有余力，则完全可以借助这些技术工具自主地开展学习，进行更全面深入的文化探究。

综上所述，本套教学方案充分体现了语言与文化相结合的教学目的，教学内容新颖有趣，教学方法科学先进，应该说是目前对外汉语教学的一个良好典范，具有较好的借鉴意义和推广价值。

第六章　基于现代教育技术的对外汉语教学

第一节　翻转课堂在对外汉语教学中的应用

现代教育技术的飞速发展，为传统教学模式的改革带来了新的契机。翻转课堂这一新型教学模式应运而生。

"翻转课堂"一词来源于英语"flipped classroom"或"inverted classroom"。这是一种将课堂教学与在线学习相结合的教学新模式。教师把教学内容及相关教学资料录制成视频发给学生，学生在课前认真观看和学习。课堂上通过各种交互式的练习，学生可以更好地掌握和运用所学知识。翻转课堂对传统的课堂教学模式进行了全新的改革，打破了课堂上以教师讲授为主的传统教学方式，使学生由被动学习变为主动学习，真正体现了"以学生为主体，以教师为主导"的教学原则。

一、翻转课堂的相关研究

通过对中国知网相关文献的统计分析发现，对翻转课堂的研究最早始于2012年。从2015年开始，研究数量激增，每年都会有几千篇的研究论文发表，内容包括：对翻转课堂模式的理论研究、结构设计；基于慕课（massive open online course, MOOC）的翻转课堂研究；翻转课堂的质量监控和评价体系；等等。其中数量最多的是翻转课堂在教学中的实践应用研究，其中涉及英语、语文、数学等各类相关课程。相比之下，对外汉语翻转课堂教学模式的研究仍处于起步阶段，截至 2020 年 1 月，相关的研究只有 88 篇。其中一些研究认为翻转课堂这种教学模式可以激发学生的学习兴趣、增加主动学习的时间、提高学生的话语质量、加深学生对所学知识的理解；实施翻转课堂教学会带来个性化的辅导和更多的互动交流；多种形式的语言练习能够满足不同学生的学习需求，激发其学习汉语的热情，但是这种新模式对教师和学生来说也是一种新的挑战。翻转课堂有助于解决和弥补高年级对外汉语教学中的问题与缺陷。对外汉语教学应该适应这种新模式。也有学者认为，"翻转"不是一蹴而就的事情，尤其在教学当中，只有循序渐进地融入实际的教学才能发挥出翻转课堂的优势作用。理论研究是为了指导教学实践，翻转课堂这种全新的教学模式在对外汉语教学中是否能充分发挥其优势作用，达到预期的教学效果呢？部分学校近年开始对传统的对外汉语教学进行了尝试性的改革，把翻转课堂引入教学实践中，取得了一些成果，也遇到了一些问题。

二、翻转课堂在对外汉语教学中的应用现状分析

以某校为例，其每年招收的留学生中有近 30%属于短期汉语学习者（语言生），70%是本科以上的学历生。该校为语言生开设了汉语精读课、阅读课、听力课和口语课四种课型，为学历生开设了专门的汉语课。由于学生数量多、国籍不同、汉语水平差异大、学习动机和学习目的各不相同，因此汉语教学工作难度大、困难多。从 2019 年开始，该校分别选取了部分班级作为试点，开展翻转课堂的实践研究。通过一年多的教学尝试，积累了一些经验，也发现了很

多问题。

（一）翻转课堂在对外汉语教学中显露的优势

1.提高了学生的学习效率

在传统的对外汉语课堂教学中，教师为了帮助学生掌握语言知识点，提高其语言交际能力，一般采用精讲的方式进行教学。在课堂有限的教学时间内，教师要把生词、语言点、课文、课后重点练习都讲深、讲透，这样给予学生练习的时间就会大打折扣，所以很多课堂变成了"一言堂"。在这种教学模式下，学生对学习内容很难产生兴趣。翻转课堂是教师通过精心设计把课堂讲授的知识和内容录制成视频，通过网络平台发送给学生。学生需要在课前观看这些教学资料，完成自主学习。教师在课堂上的主要任务包括：一是解决学生在自主学习中遇到的问题；二是组织各种形式语言的操练活动。翻转课堂改变了以教师讲授为主的传统教学模式，实现了以学生为中心的个性化学习，学生由被动地接受知识变为主动地学习知识。通过多种方式的练习，学生能够将所学的东西为己所有、为己所用，做到了真正的深度学习。

在教师的积极引导下，学生对翻转课堂模式越来越熟悉，自学能力得到了提高，学习效率迅速提升，学习成绩也有了一定的提高。学生的自主学习过程并不是简单地观看教师录制的视频课，教师也会推荐一些优质的网络学习平台，如大学MOOC、网络孔子课堂、长城汉语等，引导学生选择其中一些和自己课程相关的内容进行补充学习。学生在学习中遇到难点时可以借助各类学习软件，如有道词典、金山词霸、谷歌翻译器等自行解决；还可以在网络上请教老师，或者和别的同学一起讨论。通过各种形式的学习，学生对所学知识的理解与掌握加深加快。

2.缩小了学生间的汉语水平差距

对外汉语教师在教学中遇到的一大难题是教学对象汉语水平差距大。国籍不同、学习背景不同、学习习惯不同的学生常常被编在一个教学班,这给教学工作带来了极大的挑战。比如亚洲学生阅读能力和汉字书写能力较强,听说能力较弱;欧美学生模仿力和口语表达能力较强,但是读写汉字是他们学习的一大障碍;很多非洲学生来自法语和西班牙语区,英语水平较低;等等。诸如此类的问题,给传统的课堂教学工作造成了很多的不便,而翻转课堂很好地解决了这些问题。学生可以根据自己的学习情况,及时调整学习进度、学习时间、学习强度、学习难度。汉语水平较低的学生可以反复观看教学视频,延长学习时间,增加学习次数,充分吸收和消化学习内容。对于学有余力的学生,教师可以推荐一些优质的网络学习平台、电子读物、符合学生水平的影视作品,拓宽学生的知识广度。

3.调动了学生的学习积极性

如何调动学生的学习积极性是课堂教学的一大难点。在翻转课堂教学模式下,每位学生都可以找到适合自己的学习方法和学习内容。通过课前的自律性学习,学生加深对教学内容的理解和掌握。而课堂则变成了学生探究学习问题、测试应用能力的一个空间。学生通过与教师和同伴间的互动,获取成就感,调动学习的积极性。教师要多给予学生正面的反馈,使学生获得自主学习的自信心和满足感。对于没有完成学习任务的学生,教师要及时关注,分析原因,给予耐心指导。

4.拓宽了学生的知识面

随着大数据时代的到来,互联网技术、多媒体技术已被快速地应用到教育领域,越来越多的优秀教育资源得到开发和利用。在中国大学 MOOC 平台上,适于留学生学习的对外汉语学习类课程就达 22 门,涉及精读课、口语课、视听说课、中国文化课、中国概况课等多种课型。其中"魅力汉语""速成汉语语法课堂""初级汉语语法"三门课属于国家级精品课。网络孔子学院也是一个大型的集学习、交流、研讨于一体的对外汉语教学平台。平台专门开设了"汉语学习"板块，把《当代中文》《快乐汉语》等一批高质量的教材做成慕课，供留学生学习。还有一批专门教外国人学习汉语的网站，如中文天下、对外汉语学习网、攀达汉语、学汉语、汉声中文等。如何充分利用这些优质的教育资源也是教师面临的问题。该校的办法是多学习、多了解，优中选优，把最优质的教学内容收集整理起来，建立一个自己的资源库，根据教学的需要，加入个人制作的学习材料；根据学生的学习水平和学习需求，有选择地推荐给他们；帮助汉语水平较低的学生夯实基础知识，让汉语水平高的学生拓宽知识面。

（二）翻转课堂在对外汉语教学中面临的挑战

1.学生的学习主动性和自觉性至关重要

学生的学习主动性和自觉性在一定程度上决定了翻转课堂的教学效果。外国留学生在学习动机和学习习惯上都存在着较大差异。在教学实践中，很多学生难以维持高度的学习主动性和自觉性，学习动力不足，这大大影响了翻转课堂的有效实施。为了让学生能够课前及时观看学习材料，教师想了很多办法，如布置话题、分组讨论、打卡监督等，但这些对一部分学生并没有起到督促作用，反而导致班里学生之间的差距越来越大，严重影响了课堂的操练环节。笔者认为，翻转课堂教学模式对学习者来说是一种学习方式和学习习惯的转变。对那些缺乏自制力和毅力、没有明确学习目标的学生，翻转课堂的确不适合。

2.教师对课堂的把控能力要求更高

翻转课堂作为一种新型的教学模式，目前还处于起步阶段，对于很多一线教师来说是一种全新的尝试。教师不仅要对学习内容作出科学合理的设计和编排，同时还要学习录制视频课程、制作学习材料，及时了解学生的学习状况等。更重要的是教师要根据学生的学习情况设计有效的课堂操练活动，来巩固学生所学的知识和技能。如果教师对这些环节的把控能力不够，就会造成课堂秩序混乱，影响教学效果，所以翻转课堂教学模式是对教师综合素质和业务能力的极大考验。

3.教学质量必须得到有效保证

翻转课堂是一种课堂教学与在线学习相结合的教学模式。从教师方面来说，教学质量必须得到有效的保证。在教学实践中，可以从三个方面入手：一是要求教师根据教学计划，准备合适的教学内容，明确哪些内容可以让学生通过观看教学视频等材料来完成自主学习，课堂上设计什么样的教学活动可以帮助学生巩固所学内容；二是要从准备、制作视频等教学材料上下功夫，要求语言清晰、语速适中、讲述有条理、重点突出、形式新颖、有特色；三是课堂活动要设计合理、形式多样，教师要让所有学生都有机会参与学习互动环节，充分调动每位学生的学习积极性。

4.制定科学合理的评估标准

新的教学模式必然会带来评估标准的变化。制定科学合理的评估标准，可以监督学生的学习状况，评估学生的学习效果。在教学实践中，评估分为两部分：一是监督检查学生自主学习的效果；二是对学生在课堂操练环节中的表现给予评价。学生在自主学习后需要完成教师布置的作业，包括汉字练习、词汇练习、语法练习和交际练习等。教师多采用抄写汉字、选词填空、看图片选择合适的句子、听录音选择正确的问答句等形式。教师可以随时检查学生作业的完成情况。在课堂操练环节中，教师要鼓励学生积极提出问题、回答问题，参与各项教学活动，并对学生的表现给予一定的评分。通过对学生学习效果的主客观评估，教师才能更好地安排学习计划和调整教学内容。

三、对翻转课堂教学模式的几点思考

（一）构建优质的学习平台

翻转课堂模式对教师"怎么教"和学生"怎么学"都提出了新的挑战。完美的翻转课堂需要教师和学生付出巨大的努力，如果构建优质的学习平台，就可以起到事半功倍的效果。一是构建教师与学生之间的学习平台，可以借助QQ、微信等网络社交软件，也可以通过大学 MOOC、长城汉语等网络学习平台播放教师录制的课程视频，检查学生的学习情况，解答学生的问题，与学生互动交流，使学生的学习情况能够得到及时的反馈；二是构建学生与学生之间的学习平台，这个平台可以打破班级、国籍的界限，给学生一个充分交流和相互学习的网络空间；三是构建教师与教师之间的学习平台，用于交流教学经验和教学心得，分享优质的教学资源。

（二）组建优秀的教学团队

采用翻转课堂进行教学，教师需要投入大量的时间和精力来准备教学资料、制作教学课件、录制视频课、检查学生的学习情况、设计课堂操练环节、组织学生活动等，短时间内很难达到尽善尽美。如果能够组建一支优秀的教学团队，团队成员分工合作，就必然会达到事半功倍的效果。可以按照课型组织团队，例如精读课教学团队、口语课教学团队等；也可以按照教学内容来组建，如中国概况教学团队、中国文化教学团队等。团队之间也可以积极沟通和协作，分享经验和优质的教学资源。

（三）编写高水平的教材

翻转课堂所使用的教材应该不同于传统的纸质版的对外汉语教学用书，它既应该体现汉语的语言知识特点及教学规律，也应该适应翻转课堂的教学特殊性。笔者认为，这类教材应该具有系统性、趣味性和网络化等特点。教材的内容要充分体现汉语常用的知识点，包括常用词汇、语法规则等。要善于利用多媒体信息技术，通过图片、视频、音频等更多生动活泼的素材，激发学生的学习兴趣。同时通过二维码链接，扩充教材内容，帮助学有余力的学生获得更多的知识和信息。

第二节　微课在对外汉语教学中的应用

信息技术的发展对教学方法的创新起着巨大的推动作用。近几年来，基于教育信息化的教学改革日益兴盛，翻转课堂、慕课、微课得以快速兴起与发展，特别是慕课，在全国诸多高校得到推广，被运用到思政类的课程当中。反思当前国内的对外汉语教学，多数还在采取传统的教学模式，教学中出现的弊端也是显而易见的。新兴的课程形态——微课恰恰可以使这些弊端得以改善，从而取得较为理想的教学效果。因此，本节探讨的正是微课在对外汉语教学中的应用。

一、微课的优势

快节奏的生活方式让人们步入"微"时代，微信、微博、微电影、微小说等充斥着日常生活中的诸多方面。在这种背景之下，微课经过教育界深入的理论探讨和大胆尝试之后应运而生。微课，简单从字面理解就是时间短的课程，详细说就是教师针对某个知识点或教学目标借由视频形式而进行的 3~10 分钟的讲解。短小精悍可以说是微课最显著的特点之一，具体来看其优势表现在以下几个方面：

（一）学习者可以随时随地进行学习

微课的时间以 10 分钟以内为宜，这就使得学习者可以利用碎片化的时间展开学习。微课是以视频为主要形式，因此其传播形式更加多样化，包括网站、微博、微信等。只要能连上网络，任何媒介都可以进行传播，学习者可以在课余时间进行自主学习。

（二）教学目标明确，重点突出

由于微课视频容量很小，教师需要在短时间里把相关的内容讲得清楚透彻，这就使得微课的主题内容很突出，这样可以使得学习者根据自己的实际情况进行有选择的学习。

（三）增加学习者学习的兴趣

和课堂教学不同，微课采用的是录制的形式，不需要现场发挥。所以，教师在录制之前可以进行充分的准备。比如在讲解过程中辅以 PPT 或视频等内容，这样才更有直观性。另外，由于微课的时间短，学习者可以保持高度集中的注意力，也不容易感到枯燥，所以微课也会使学习者学习兴趣大大提升。

二、微课应用于对外汉语教学的可行性

在对外汉语课堂教学中，所有教师都致力于为学习者提供更多开口练习的机会，实现精讲多练。更有学者提出，学习者在课堂上练习时间的占比应该不少于60%。传统的教学模式很难达到这一要求，因为词语及语法点的讲解就占用了不少时间，而微课的应用就可以使这一情况得以改善。从理论上看，将微课应用于对外汉语教学是可行的，具体表现在以下两个方面：

（一）符合教学对象的特点

当前在国内进行的对外汉语教学，其教学对象以成年人居多，他们基本都拥有自己的电脑或是手机，并掌握电脑的操作方法。而且和儿童相比，成年人的自律能力更强，即使没有教师的督促也可以展开自主学习。更重要的是，成年人的智力已得到充分发展，对微课讲解的知识内容可以进行初步的消化理解。

（二）符合对外汉语教学的基本规律

首先，对外汉语教学提倡精讲多练，而微课能够使这一目标得以实现。让学习者在课前通过视频的方式进行知识点的有效学习，课堂上教师只需对重要内容进行点拨和扩展，节省下来的时间就可以让学习者进行充分的练习。可以说，微课贯彻了对外汉语教学的基本原则。

其次，对外汉语教学面向的学习者个体差异较大，年龄、国别、性格、动机的不同都会对学习效果产生影响，教师在教学过程中也很难做到满足所有学习者的需求。而采用微课教学的模式，则可以让学习者根据自己学习的进度以及对知识的掌握情况来进行合理的调整，包括看视频的次数、方式等，这样学习效率自然会得到提高。

最后，对外汉语的教学内容主要就是语言点的讲解，而这些语言点可以按条目进行拆分，比如"把"字句、比较句、时间表达法等。分割之后，每一个语言点的内容也相对较少，可以在 10 分钟左右的时间里将其讲解明白。可以说，语言知识点的可拆分性和微课的短小精悍性是恰恰契合的，能够充分发挥微课的碎片化优势。

从以上两个方面的分析来看，微课这种新兴的教学形式是可以运用到对外汉语教学中的，并能够弥补传统对外汉语教学中存在的种种弊端。

三、微课在对外汉语教学中的应用类型

微课教学要想取得成功，关键就在于微课的内容。微课的内容直接决定着学习者对待微课的态度，进而影响着微课教学效果。如前文所述，微课最大的特点就是短小精悍，可见并不是所有内容都可以采用微课的形式进行讲解。结合对外汉语教学的内容，微课可以分为以下几类：

（一）语言知识点类

语言知识点是对外汉语教学的基础内容，具体包括语音、词汇、语法、汉字及一些常用的表达等。由于这些内容的实用性、针对性和灵活性较强，很适合通过微课的形式展开讲解。

在处理词汇部分时，可以先将要讲的词语进行分类，拆分成两三个部分。因为无论是哪种课型，一课中的词语几乎都在 20 个左右，10 分钟的时间很难将这些内容全部讲完，如果讲得时间过久，就会让学生感到枯燥。分类的标准可以根据词语的使用场景来灵活选择。

语法点的处理也适合采用微课的形式，因为语法点的独立性较强，通常一个语法点正好是一个微课视频的内容。但语法点知识更加抽象，不易理解，所

以在讲解过程中要辅以 PPT 或 Flash 动画，为学生提供直观的效果，加深印象，帮助学生打好语言基础。

（二）背景知识类

对外汉语教学过程会涉及各种各样的与主题相关的背景知识，这些内容也可以用微课的形式展示给学生。比如《博雅汉语·中级冲刺篇》的第一课"名字的困惑"，课文讲的是中国人的名字。在课前导入环节，一些与中国人名字相关的背景介绍就可以通过微课的形式展示给学生，让学生增加对课文内容的感性认识。在课文讲解过程中，中西文化差异方面的内容介绍也是十分必要的，有利于提高学生的综合文化素养和跨文化交际能力。在微课视频的最后，可以向学生抛出一些启发性的问题，引导学生对问题进行思考，提高学生的课堂参与度。总之，微课具有生动活泼的内容和丰富的视角，可以充分地运用到课堂背景知识介绍这一环节当中。

（三）情景对话类

在对外汉语初级阶段，课文多以对话的形式呈现。在传统课堂教学中，教师会自己先读一遍，然后让学生来读。这种方式最大的弊端在于缺乏真实性，可模仿性较差。其实，这一教学内容也可以通过微课的形式来展开，教师在录制微课时，尽量选择真实的交际情景，比如教室、操场、食堂等，这样可以增加学生的代入感。学生对一些重要口语表达句型的理解会大大加深，进而活学活用，提高口语交际能力。

四、微课应用于对外汉语教学的注意事项

在预习、课上和课后三个环节中，师生都需要共同参与和配合。具体来说，各环节需要注意的事项如下：

（一）预习

在预习环节，教师的任务是提前制作好微课，并将任务布置给学生。而学生需要自主观看视频，完成学习任务。通过微课进行预习和以往传统模式下的预习有很大不同，在传统模式下，学生的预习带有一定的盲目性，它只是对课程内容有初步的熟悉；而在微课指导下的预习是整个教学的重点，学生需要在这一环节对课程的知识点进行充分的掌握和理解。

教师在制作视频时，要兼顾知识性与趣味性。所谓的知识性，即选取重点突出的内容进行讲解，不要过多拓展额外的知识，以便在 10 分钟的时间里可以将这一点内容讲得清楚明白。这一环节的完成全凭学生的自觉性，所以在知识性的前提下，还要尽量实现趣味性，充分调动学生的主动性。可适当加一些有趣的视频或启发性的图片，在每一知识点讲解结束后，给学生布置一个小任务，让学生自行检查对该内容的掌握程度。

（二）课上

微课的独立性较强，那些前后有联系并且需要持续讲解探讨的内容不适合采用这种形式进行讲解，所以并不是所有内容都能用微课的形式。采用微课形式进行对外汉语教学时，常规课堂教学的配合是必不可少的。课堂上教师需要对学生的预习情况进行考察，对较难理解的知识点做点拨和指导，这样才能充分发挥出微课的效果。所以，微课并不是让教师从"教"的角色中释放出来，它只是将这一过程从课上转到课下。课堂上教师讲授时间缩短，学生可以用更

多的时间来反复演练，展示学习成果，教师给予指导与点评。这些活动都能大大提高学生的课堂参与程度，进而提高其语言交际能力。

（三）课后

课后教师要及时对课堂上的教学活动进行评估与反思，及时调整与查缺补漏，以便取得更理想的教学效果。学生的任务则是对本课所讲的重点内容进行内化理解，完成教师布置的学习任务。

通过以上分析，可以看到微课的特点基本符合对外汉语教学的基本规律，可以将其广泛地应用到对外汉语教学中。基于微课的对外汉语教学重新分配了教学时间，课堂上学生有更多的时间进行口语展示，这大大弥补了当前传统教学模式的不足。但这种教学模式对教师和学生都提出了更高的挑战，比如，怎样充分地调动起学生的自主性；课堂上教师如何把握自身的角色；课堂的实效性应该通过哪些做法予以保证，以避免流于形式；等等。这些问题有待进一步深入探究。

第三节　慕课在对外汉语教学中的应用

随着我国综合国力和国际影响力的提升，汉语学习人数逐年增加，传统的线下对外汉语教学已难以满足全球持续增长的汉语学习需求。随着互联网的不断发展，慕课以不可阻挡之势席卷全球。慕课充分利用大数据、云计算等技术打破资源"孤岛"，开发并共享全球优质教学资源，供学习者无条件、无限制地免费或低成本使用。但是慕课建设的重心在课程的录制上，忽略了向学习者提供支持学习服务，不良的学习体验是导致慕课高辍学率的主要原因。如何让汉语慕课发挥优势、改善不足，从而提高学习者自主学习效果，是亟待解决的问题。

一、慕课教学的特点

（一）开放性

慕课是一种开放的在线教学模式，不受年龄、种族和职业的限制，不论是学生还是公司职员或者退休老人，只需简单注册就可以在特定的慕课在线平台进行学习，无须付费，也不用通过任何资格考试。慕课教学打破了学校甚至是国家的"围墙"，使得不同阶级、不同国家、不同语言、不同文化背景的人都能轻松得到丰富的学习资源。

（二）可选择性

慕课的视频时间不长，一般为8～15分钟的教学片段，每个教学片段为独立完整的教学内容，这符合学习者的最佳注意力时长，有利于帮助学习者在最佳状态下高效完成学习。因慕课具有延时性、错时空的特点，在网络技术的辅助下，学习者可以选择在任何时间、任何地点观看视频，也可以根据自己的实际学习情况，选择观看教学片段的次数和顺序，已掌握的地方粗略看，不明白的地方反复研究。

（三）互动性

为了方便在学习时进行互动交流，慕课视频中都设有讨论区，学习者在慕课学习中遇到问题时,可以随时在讨论区提出,与慕课中其他学习者一起解决,也可向授课教师或助教寻求帮助。为了有效监督和反馈学习者的掌握情况,慕课中还建立了学习者相互测试评分的环节。

(四)精品性

慕课中的教师由高校的名师担任,他们拥有较高的学术水平和丰富的教学经验,是专业领域的权威人物,所以授课无论是课程内容还是教学形式,都堪称精品。学习者无论身处何地,只要有网络和电脑就可以享受到一流名校名师的专业指导,这也正是慕课在短短几年时间就能"井喷式"风靡全球的重要原因。

二、慕课在对外汉语教学中的作用

面对慕课这种新型的教学模式,既不能盲目跟风,也不能妄自尊大。将慕课教学应用于对外汉语教学,并不是完全取代传统的"一老师一教室"的课堂教学,而是对还处于探索阶段的对外汉语教学的辅助和完善。

(一)提高学习者自主学习能力

在今天以学习和学习者为中心的时代,汉语学习者不再是知识和信息的被动灌输对象和接受者,而是语言知识的主动汲取者。对外汉语中的学习者多为成年人,他们拥有独立判断事务的认知能力,也有自我管理的能力,学习汉语的目的和兴趣大都不同,学习水平也参差不齐。因此,在对外汉语课堂教学中,教师教授的课程内容和课程进度很难满足每个汉语学习者的需要,这使得汉语水平高的学习者不满足现阶段的学习,汉语基础不扎实的学习者又不能完全掌握教授的语言知识,进而影响全班的教学进度和效率。慕课的教学由单个语言知识内容的短小视频组成，学习者可以根据自己的需要选择相关课程，自主安排学习活动。通过有计划的视频观看、指导性的自觉阅读、针对性的系统复习、理解性的练习操作以及积极的互动讨论和思考，学习者能够完成课程学习，自主解决问题，拥有汉语学习的积极性和自主性。

（二）促使对外汉语教师不断提高自身综合能力

在传统对外汉语课堂上，对外汉语教师一堂课一般只能带领几名，最多几十名的汉语学习者。而在慕课教学中，一个对外汉语教师或教学团队可以带领成千上万甚至更多的学习者。这样，对外汉语教师市场需求量就会变小，在这种优胜劣汰的形势下，对外汉语教师必须不断提高自己的专业教学水平，以便拿出最好的教学实力面对要求越来越高的汉语学习者。此外，在当今语言教育与信息技术紧密结合的时代，对外汉语教师被迫需要掌握现代多媒体技术，不断提高自身综合能力，以便满足学习者的汉语学习需要。慕课教学中的学习者来自世界各地，这使得讨论更加有趣，更具有价值，还可以在线收到比授课现场更具有穿透力的问题，对今后开展教学和讨论意义重大。与传统对外汉语教学课堂相比，慕课教学中所面对的汉语学习者的数量更多，情况更为复杂，教师不但要担任在线教学和测试的任务，还要参与视频的设计、拍摄和后期制作等工作，这些也使对外汉语教师得到迅速成长，积累丰富而广泛的教学经验。

（三）节约对外汉语教学成本

传统的对外汉语课堂要求教师和学习者同一时间在同一间教室集中教学和学习，教师一堂课最多也只能教授三四十个学习者，这种教学模式必然受到学校的硬件设施和师资力量的限制。随着中国国际影响力的不断提高，学习汉语的人数与日俱增，很多学习者不远万里漂洋过海来到中国，支付高昂的学费，只为能进入一流大学，寻求优秀教师进行专业的汉语学习。而对外汉语教学是一个新兴的学科,培养大批优秀的对外汉语教师还需要大量时间和资金的投入,因此目前在这个领域经验丰富的优秀教师还比较匮乏,能进行专业的汉语授课的教师数量十分有限,远远不能满足汉语学习者的需求。慕课课程的学习则不受此约束,只要拥有一台可以上网的电脑就可以按自己的需要和兴趣进行学习,极大地方便了学习者,可轻松实现教师和助教、教师和学习者、学习者与学习者之间的交流与互动。在慕课教学中,教学资源可以循环利用,名校名师的专业教学可以惠及更多的人、更远的地方,这大大节约了对外汉语的教学成本,汉语学习者不来中国就可以免费或低成本接受优秀汉语老师的专业讲解。慕课教学摆脱了传统教学中时间和地点的局限,极大地节约了对外汉语教学设施和师资力量的投入成本,使学习汉语变成了一件高效、便捷的事情。

(四)优化对外汉语教学模式

在对外汉语教学中,学习者是学习的主体,对外汉语教师应该是汉语学习者的导师。但是实际上,在一些对外汉语教学的课堂上,对外汉语教师拥有相当的"权威"和"影响力",依旧存在着教师"一言堂"的现象,而慕课能使这种现象得到良好改善。为提高学习者对知识的掌握效率,慕课中设置了大量的教师与学习者、学习者与学习者之间的互动环节,如在线讲授、实时研讨、发帖互动以及在线测试等。这些多样、高效、合理的教学模式使教师不再处于"唱独角戏"的地位,而让学习者真正成为学习的主人。慕课教学打破了传统教学体系中的单向授课,转向在线讨论、随堂测试、自我管理学习进程,实现形式多样的互动,从而使以教师为中心的教学模式真正转变为以学习者为中心的学习模式。将慕课应用于对外汉语教学中,汉语学习者对于学习内容、学习时间、学习顺序具有更多的自主权和自由度,而不再受制于教师和课本,真正实现"学生是学习的主体,是决定教育发展的人"。此外,慕课教学与互联网技术等完美融合,使世界优质教育资源共享化,让其得到最大利用,使汉语学习者摆脱了时间、地点的束缚，这些从本质上优化了对外汉语课堂教学模式，使对外汉语教学出现了新的思路，激发出了新的活力。

此外，慕课是信息化时代必然的教育趋势，它以自身独特的魅力推动开放教育资源等深入发展。将慕课应用于对外汉语教学之中，有助于共享教育资源、更新教学思想、优化教育理念。更重要的是，对外汉语教师要从中汲取经验和教训，以提升对外汉语的教学效率和教学质量，使世界上更多的人能轻轻松松地学习汉语。

三、提升汉语慕课的学习体验

汉语慕课相较传统线下课堂有多方面优势。慕课不受时间、空间的限制，参与课程人数不设限，学习者仅需用电子终端联网即可免费或低成本获得目前全球多达两百多门的优质汉语课程资源，学习者可以依据个人学习偏好选择合适的课程。慕课的教学视频通常控制在 8 分钟左右，方便学习者随时随地进行碎片化学习，自定步调的点播学习可以暂停、重看、集中学习等。慕课的动态化、开放化和多样化特点吸引了广大学习者，其便利性、灵活性和易得性满足了学习者的个性化泛在学习需求，引发慕课用户的"井喷式"增长。

不可否认的是，慕课开启了课堂新革命并受到了广泛关注，但是随后出现的高辍学率问题也不容忽视。

由于慕课平台的课程是提前制作好的，因此学习过程中会出现时空分离的现象，加之平台对学习者支持学习服务的忽略，这些都会使学习者产生缺乏临场感的不良学习体验。对此，笔者提出了提升慕课学习体验的模型，并在汉语慕课的应用中进行了分析。

（一）支持个性化学习

慕课的开放性吸引了来自世界各地的不同知识背景、学习风格、学习动机、学习目标、自我约束力以及身份的学习者。慕课难以针对不同的学习者实现因材施教，以下将从两方面帮助学习者找到适合自己的学习风格与学习内容，实现个性化学习。

一是丰富资源。丰富的学习资源是学习者找到适合自己学习风格和学习内容的前提。据统计，目前慕课平台汉语课程多达 247 门，资源颇为丰富。汉语慕课多以通用型汉语和专门用途型汉语为主，如台湾政治大学与 edX 合作推出的 Mandarin X 系列课程。以实用为导向的课程虽说能满足大多数人的基本需求，但是只有文化的穿插才能吸引更多的学习者。中国有悠久的历史，积淀了深厚的文化底蕴，在汉语实用教学过程中，适当加入中国文化相关知识，拓展相关的音乐、电影、书籍等形式丰富的学习内容，不仅可以激发学习者对中华文化的兴趣，促使他们的学习动机由外部驱动转为内部驱动，还可以帮助其链接新学的知识点并构建知识网络，促进对汉语的进一步理解与应用。

二是适配资源。为支持全球不同背景的学习者进行个性化的学习，除了丰富教学资源，还需要帮助学习者了解个人学习风格。除了学习者的自我认知，借助技术手段也能帮助学习者找到合适资源。有学者基于慕课的功能特征以及学习者的学习风格和认知风格要素，建立了"自适应自我评估模型"，并运用在汉语语言学习上，构建了汉语慕课学习新体系，以提高学习者使用慕课进行语言学习的效果。还有学者使用神经网络来识别和跟踪慕课中学习者的学习风格，从而提高学习者的参与度和满意度，并提出了自适应推荐系统与慕课集成的解决方案。了解学习者画像后，再匹配推荐资源是实现个性化学习的有效手段，有利于改善慕课平台的学习体验。

（二）提供及时反馈

汉语慕课主要通过教师单向的视音频、图文等展示教学，学习者自身难以发现其所犯的发音、语法和汉字书写错误，得不到及时的指正，这将影响学习者对知识点的掌握和后续学习。及时的正面反馈能给学习者正强化刺激，让学习者体验通过学习获得知识与能力所带来的愉悦感和成就感，进而帮助学习者形成内部动机，维持并促使学习者更积极地学习。但是面对全球众多的学习者，慕课课程教师难以及时给予一一反馈。对此，Tsinghua Chinese（清华汉语）在 edX 上的课程，建议汉语学习者录下自己的发音上传至应用 SpeakPipe 网站，让别人给学习者指正建议。这相对于线下的直接纠正，还是存在操作上的复杂性和反馈上的滞后性，长此以往容易降低学习者的学习积极性和使用黏度。针对这一问题，目前较理想的解决办法是同伴互评。有学者根据与课程材料、视频讲座、讨论论坛和评估的互动，将学习者用机器学习的 K-means 聚类技术来匹配能力相当的同伴，以提高和优化同伴评估的效果。同伴互评有利于促进学生自我认知，激发新见解，利用不同的技术手段实现及时有效的反馈，并将极大改善学习者的学习体验。

（三）加强互动交流

语言类的学习不可"单枪匹马"，而应与同伴不断交流练习，社会化的互动和交流可以促使学生获得自我认同和社会认同。慕课汉语学习者在不同的电子终端上独立学习，他们缺少线下课堂面对面交流的机会，并且不少学习者习惯"潜水"（不主动发言），缺乏讨论交流的学习过程，更容易产生孤独感。再者，以客观题为主的语言慕课课后习题难以获得语言交流的训练效果。为避免"哑巴汉语"，增加互动练习的机会以提高语言听力与口语水平，在慕课学习任务设计上，教师可以考虑增加学员之间互相交流和分享的机会。如可以用所学的短语编写故事或互相分享故事等，也可以利用其他社交平台建立学习小组，进行教学内容的分享交流与学习讨论。有学者提出了在慕课平台通过与 MandarinBot 智能机器人聊天的方式，提高汉语口语水平。随着慕课技术的不断完善，学习者的互动交流体验将不断提升。

（四）结合教育游戏化

游戏化是指在非游戏场景里应用属于游戏的元素，游戏化过程涉及多种知识环节，如心理学、游戏科学与设计、用户体验、人机交互、技术增强学习等。游戏化教学的目的有增加趣味、奖励驱动、沉浸体验和协作竞争等。

1. 增加趣味

一个新的知识点或新技能的掌握，需要不断练习，慕课可将枯燥的练习题设计得更加偏向于人类认知，将学习内容融入更容易接受的小游戏，以增加学习过程的趣味性。

2. 奖励驱动

慕课课程可设置激励机制，在学习者完成学习任务后给予内部奖励（技能树、知识清单、成为新手的导师）或外部奖励，以此强化学习者的学习动机，激励其不断学习。

3. 沉浸体验

通过角色扮演、情境融入等方式达到"沉浸式"体验效果的教育游戏，设计富有中国文化特色的游戏场景、角色与情节吸引学习者，并不断增加游戏难度，可以吸引学习者的注意力，加深其对学习内容的理解、内化与应用，以促使学习者学习和掌握知识点，从而提高汉语水平。然而，过度游戏化设计不仅需要大量时间和金钱投入，还会增加学生完成课程的时间成本，降低学习效率。对此，慕课可以结合教学内容设计低成本轻游戏化教育，如将学习内容设计成故事化情境游戏等。

4.协作竞争

通过用户之间的协作提升其参与度,而学习任务在社交与竞争环境下更富趣味性和挑战性。汉语慕课可以整合类似 QuizClash 的游戏概念,即一方(单人或多人协作竞争模式)从多个类别中选择问题,在线向另一方发起答题挑战,两方同时作答,最快答对的一方获胜。竞争性游戏激起了玩家争夺胜利的斗志,有利于促进学习者学习。

以上游戏化设计可以吸引用户并增加用户黏度,实现慕课教学的寓教于乐。但是,教育游戏化对慕课课程设计开发者要求较高,可以适当结合教育内容进行轻游戏化设计,以降低学习者的学习成本,提升学习体验。

慕课是共享知识时代的产物,世界名校与机构等共建共享,让优质教育资源联网可得。汉语慕课不仅能帮助非汉语母语人士学习中文,传播汉语文化,还能提高我国的文化软实力。面对慕课高辍学率的问题,慕课教师亟须引起重视并积极面对和解决,利用课程设计与技术等手段提高对学习者的支持学习服务,不断优化慕课汉语的学习体验,使慕课的优质资源得到最大化利用,切实帮助全球汉语学习者提高学习效率。

第七章　对外汉语教师的素质培养

第一节　对外汉语教师的智能储备

教师是教学活动的主体,在教学中发挥着主导作用。教师的知识结构、教学能力等都制约着教师主导作用的充分发挥。对外汉语教师具备什么样的知识结构、教学能力,直接关系到对外汉语教学的质量和效果。一名优秀的对外汉语教师,不仅要有合理的知识结构,还要有较强的教学能力,这些构成了一名优秀的对外汉语教师必备的专业智能储备。

一、合理的知识结构

(一) 通晓所教的专业知识

对外汉语教师首先要对学科的基础知识有广泛而准确的理解,熟练掌握相关的技能。这是因为教师只有对知识和技能有了准确、熟练的掌握,才有可能花更多的精力去设计教学,才能在课堂上关注学生和教学的进展情况,而不是把注意力集中到"自己不要把知识讲错"的担心上。其次,教师要了解该学科目前的研究状况、最新研究成果,以及未来的发展趋势。具体来说,对外汉语教师要通晓下面一些专业知识。

1.现代汉语知识

对外汉语教师要能理解、掌握并运用现代汉语的基本知识与基本技能,包括语音、词汇、语法和文字等方面的知识,以及听、说、读、写等技能,将汉语知识与技能相结合并运用于教学实践。

2.语言学知识

对外汉语教师的语言学知识包括普通语言学、社会语言学、心理语言学、应用语言学中以语言学习理论和习得理论为主的语言学的基本理论和知识以及语言教学法等。

3.文化知识

对外汉语教师要能了解和掌握中国的文化知识,并将这些知识应用于教学实践,引起学习者对中国文化的兴趣。相关文化知识主要包括节日、饮食、历史人物、宗教信仰、琴棋书画、戏曲、建筑、园林、中药、服装、茶酒、教育等。

对外汉语教师除了要具备相关的文化知识,还要了解中外文化的主要差异,了解跨文化交际的主要概念以及文化、跨文化对语言教与学的影响,并能将其应用于实践。

4.外语知识

对外汉语教师要有较高的外语知识水平和较强运用外语的能力。外语是教师和学生沟通的桥梁,也是教师确定教学重点、难点的依据,还是教师教学的辅助手段之一,因此对外汉语教师要具备外语的基本知识和基本技能,以及综合运用这些知识和技能的能力。具体来说,教师要熟练掌握外语的语音、词汇、语法、功能、话题、文化等方面的基本知识,并且具备较强的听、说、读、写、译等能力。

（二）具备扎实的教学理论知识

从事语言教学工作的教师必须掌握一定的教育理论知识，因为掌握必要的教育教学规律，能快速地提高教学质量和效率。著名特级教师魏书生说："我的教学不过是雕虫小技，只要认真学习教育理论，把教与学的规律搞清楚了，人人都可以有上百种方法把学生教好。教书育人涉及一系列有关教育学、心理学、哲学等理论方面的问题，越思考越觉得自己所面临的未知领域极其广阔、新奇，这更激励我潜心于教学实践与理论学习中，探讨教书育人的真知。"魏书生的成功经验告诉人们，教师的成功教学要以教育学、教学论和心理学作为学科的教学理论基础。具体来说，教育学包括教育的属性、目的、功能、对象、环境等；教学论包括教学的内容、过程、方法、原则、组织形式等；教育心理学包括知识的保持和遗忘、知识的掌握和迁移、学生的个别差异、学习的动机、情感、焦虑、人格因素等；认知心理学包括感觉、知觉、注意、记忆的结构、短时记忆、长时记忆、问题解决等；心理语言学包括语言和思维等。

二、较强的教学能力

教学能力是指教师运用教科书、其他有关教学材料或采用某种特定方式从事教学活动、实现教学目标的能力。教师的教学能力是教师进行教学的必备条件，一个教师应该具有哪些教学能力，目前学界众说不一。根据对外汉语教学的要求以及教师职业发展的趋向，对外汉语教师的教学能力主要有以下几个方面：

（一）加工和驾驭教学内容的能力

教师的教学并不是把书本内容简单地灌输给学生，而是要对教学内容进行必要的加工和处理，以便更好地适应学生的水平。一般来说，学生的认知水平与所要掌握的内容之间有一定的距离，教师的作用就是缩短这个距离。为了帮助学生更好地掌握教学内容，教师常常要根据学生的学习实际对教学内容进行加工处理，以使教学内容更便于教师操作和运用，也有助于学生更好地学习。例如，教师对教学内容的取舍、教学重点难点的确定、教学活动的安排、教学任务的设计等都应胸有成竹。

（二）胜任多种教学工作的能力

对外汉语教师不仅要能够胜任汉语教学工作，而且要能够胜任其他跟汉语教学有关的工作，如设计课程、编写教材、出练习题、编制考试试题等。教师如果参与课程的设计就会清楚课程之间的衔接与配合，主要课程和辅助课程、必修课程与选修课程之间的关系，上课时更能体现课型的特点；教师如果参与教材的编写，就会分析所用教材的特点在哪，作者编写的意图是什么，要达到什么样的目的，从而能够更有针对性地处理和加工教材，更有利于学生掌握教材；教师只有亲自出练习题，才能进一步明确教学的重点、难点在哪，在练习中怎样训练学生掌握这些重点、难点；教师只有参加考试试题的编制，才能更有效地得到反馈信息，以进一步提高教学质量。

（三）协调人际关系的能力

成功的教学取决于多项因素，其中一个重要的因素就是教师与学生之间的沟通质量。教师要懂得去与学生沟通，懂得去满足学生的需求，并引导学生懂得如何来满足教师的需求。师生之间要建立相互信任、尊重、接纳和理解的关系。教师要善于运用言语和非言语的手段来表达自己的看法，遇到具体情况能灵活应变，使师生关系朝着和谐的方向发展。

（四）对教学的控制能力

教师在教学过程中的控制能力是指教师在教学活动中始终占据主导地位，控制教学活动按照预期的方向发展。教师对教学的控制能力包括以下三个方面的内容：

1. 对学生的控制

教师要善于了解和观察班级学生的思想动向和情绪变化，抒清班级的脉搏，对班级的情况作出准确的判断和分析，并在此基础上确定行之有效的措施。这并不意味着监督学生、管制学生，而是掌握情况，因势利导，使教学朝着有利于学生学习和发展的方向进行。

2. 对自己的控制

教师要在学生面前保持最佳的状态，就要有控制自身心境、情绪的能力。

3. 对情境的控制

教学活动是在一定的情境中进行的。情境主要由物理空间和社会气氛构成。物理空间表现为一定的环境和场景，社会气氛表现为师生之间、生生之间心理状态的相互碰撞。教师要善于利用现有的物理环境创设情境，以增强教学效果；教师更要具备组织、协调各种人际关系的能力，努力创造和谐的氛围，使班级气氛和谐、民主。

（五）运用现代技术的能力

以多媒体和网络技术为特征的信息技术的发展，给对外汉语教学带来了新的教学手段和方法。掌握和利用这一现代化手段成为对外汉语教师必备的新的教学能力。教师不仅要具有恰当地使用现代技术的操作能力，如下载、上传、搜索、建立个人网页、进行视频会议、设置防火墙等，而且要有配合教学活动的实际制作能力，如能熟练运用常见的办公软件完成教学资料的编写，能利用PPT等制作教学课件等。

（六）研究能力

教师不但要能教好书，还要能搞好科研。许多优秀教师都是一边教学、一边实验、一边研究、一边著述，逐渐成为专家型教师的。教师要充分利用长期在教学第一线积累的丰富的教学经验，学会在教学中发现问题，并学会抓住问题的实质，灵活运用教育科学的一般原理，解决实际教学中的问题。

第二节 对外汉语教师的基本素养

一、对外汉语教师的情感素养

情感，从生理学的角度来讲，是人体对外界刺激所产生的心理反应。行为科学认为，人的一切认知活动均是生理和心理相互作用的结果，缺少任何一方面都是不完整的。任何活动都是在情感的影响下进行的。情感是维系和协调师生双边活动的纽带和桥梁，是教学活动的灵魂，直接影响着教学效果。在对外汉语教学中，教学对象决定了对外汉语教师的情感应更丰富、更细腻、更得体、更有分寸，主要表现为以下几个方面：

（一）真诚

教师对学生真诚，既是教师良好心理素质的一种表现，也是一种重要的教育力量。有关研究表明，学生对教师情感方面的要求远远超过了对教师知识水平的要求。教师对学生的真诚是一种十分重要的教育力量，是其他教育因素所不能代替的。因此，教师对待学生要真诚，要开诚布公，不虚伪行事，不趋附于人。

（二）移情

移情是指教师把自己主观的情感移入或灌输到知觉或想象的对象中去，而且意识到二者的完全合一。移情的意义在于能站在别人的立场上，设身处地为别人着想，用别人的眼睛来看这个世界，用别人的心来理解这个世界。能够意识到"我也会有这样的时候""我遇到这样的事情会怎么样"。在教学中，教师要充分利用移情作用。

1.教师对教材的移情

教师要对教材的内容深刻领会，结合自己的智能储备准确地厘清教材的思路并对其进行判断，挖掘教材的思想含义和艺术特色，达到身临其境的感觉，这样在讲解课文时才能运用自如。

2.教师对学生的移情

教师将自己置于学生的位置，准确观察、体验学生的情感，了解学生的认知策略和认识水平，设置相应的情境，进行有针对性的教学。

3.教师对所教课程的移情

教师长时间教某门课程，往往会对这门课程产生浓厚的兴趣和特殊的感情。结果凡是遇到和自己所教学科有关的东西都能引发联想和对比，进而不断地加强对这门学科的认识和理解，课越上越得心应手，同时也会让学生越来越喜欢这门课程。

（三）非权势

教师在与学生交往中不要居高临下、盛气凌人，要有民主平等的思想，尊重课堂内的每一个人，从而建立一种和谐、融洽的师生关系。

（四）最大限度地宽容

宽容也是一种心理品质。教师在教学过程中有时不可避免地会与学生产生一些小摩擦，教师要学会最大限度地宽容，不断锤炼自己的性格，让爱永驻心间。

二、对外汉语教师的心理素养

教师良好的心理素养对学生的感染、教育、影响是十分深刻的。教学活动实质上是一种师生双方交往的过程，在这一交往过程中，教师需要具有良好的心理素养。

（一）教师要始终保持一种健康的心态

教师要积极、乐观、敬业，要发自内心地爱学生、爱教学、爱工作，能从教学中体会到美感、愉悦感、成功感与崇高感，把教师的职业道德要求升华到完善自我品格的精神层面上来。

（二）教师要有良好的性格和坚强的意志

良好的性格特征能使教师在学生中具有强大的亲和力，学生会产生以教师为核心的向心力，形成巨大的凝聚力，使班级氛围和谐、融洽。意志品质对教师来说主要体现在坚定、果断、沉着、冷静、耐心、自信和自制等方面。其中，最关键的是耐心、自信和自制。有耐心才能说服学生，耐心是教师顺利进行说服教育的保证。教师的自制则要求教师无论在何种情况下，都要善于控制自己的情绪，掌握情感的平衡，正确把握对待学生的态度和行为。除了耐心和自制，教师还要有自信心。自信心是教师工作成功的基石，没有自信心的教师必然缺乏抗挫折能力与心理承受能力。更重要的是，一位对自己、对自己的教育对象缺乏自信的教师，是无论如何都培养不出具有自信心的学生群体的。

（三）教师要善于调节情绪

在教学过程中，教学的压力、学生的表现不尽如人意等导致教师产生一些消极情绪，稍不注意就可能会影响教师的健康，更会折射到学生身上，造成负面影响。因此，教师要不断提高自己应对心理压力的能力，善于调节情绪，克服焦虑。

三、对外汉语教师的人格素养

人格即个性，是指一个人的各项比较重要和相当持久的心理特征的总和，是个人在生理基础上，受到家庭氛围、学校教育和社会环境等影响而逐步形成的气质、能力、兴趣和性格等心理特征的总和。教师的言行举止、人品格调、学识风范，无不对学生产生着重要影响。教师为人师表，要有良好的人格素养。教师要热爱学生，有高尚的道德品质、渊博的专业知识、广泛的文化兴趣和高超的教育能力，从而真正赢得学生的爱戴，成为有威信、有人格魅力的优秀教师。

四、对外汉语教师的技能素养

（一）普通话

普通话是教师的职业语言，是教师必备的一种基本技能。尤其是对外汉语教师，普通话就显得更加重要。对外汉语教师要在一切教育教学活动中使用标准的普通话,要发音准确,口齿清楚,语速适中,语流流畅。

(二)计算机

随着电子时代的到来,计算机在教学中的运用越来越广泛,条件好的院校几乎每个教室都有电子计算机。作为一名在国内外任教的对外汉语教师,熟练地操作和使用计算机是必备的一种基本技能。

计算机在教学中的运用早在20世纪60年代就开始了,经过几十年的研究和实践,越来越多的计算机技术运用于教学,并取得了较好的教学效果。因此,对外汉语教师要掌握这门技术。例如,对外汉语教师要能运用计算机综合处理文本、图形、图像、声音、动画、视频等多种媒体,从而更好地为教学服务。

(三)其他技能

对外汉语教师还要具备绘画、唱歌、书法、表演、体育、非语言运用等方面的知识和能力。

第三节 对外汉语教师的角色意识

角色,可以理解为一个人在社会群体中的身份以及与其身份相适应的行为规范。在社会生活中,每一个人都有一种身份,处于一种位置或分担一份责任。例如,教师在学校中是教师的角色,在家里他可能是父亲(母亲)、丈夫(妻子)、儿子(女儿)等角色。

在学校里,教师是专门从事教育教学活动的人,这个角色要求教师不仅要教书,而且要育人。因此,教师不仅仅拥有教书者一种角色,而是集多种角色于一身，具有多重身份。

一、"知识传授者"角色

教师的基本角色是知识的传授者，但是在新的教学理念影响下，教师作为知识传授者的角色已经发生了根本的变化。

二、"领导者"角色

教师的身份和作用会使学生自然地听从教师的命令和指挥，教师的"领导者"角色会在学生中自然形成。作为教师，要会当"领导"。

（一）教师要有"领导"的品质

具体包括：①公正；②以积极的态度工作；③有学识；④果断；⑤善于听人讲话；⑥以身作则；⑦尊重学生；⑧善于沟通；⑨不记仇；⑩对自身工作热心、投入。

（二）教师要有"领导"的技巧

具体包括：①放手让学生做事，不包办代替；②鼓励学生自己开展活动；③选一个起核心作用的班长。

三、"心理医生"角色

教师要帮助学生减轻焦虑或紧张，使学生获得心理上的满足，给学生以情感和心理方面的支持，这时需要教师扮演"心理医生"的角色。例如，教师在使用考试的频率和进行结果处理时要尽量减轻学生的心理压力。教师不要给学生制造压力，而应把学生从惧怕、胆怯、缺乏自信心以及自卑中解救出来。

四、"朋友"角色

在学生面前，教师还要扮演一个热情、平等、耐心、细腻的"朋友"角色，这是师生间带有感情色彩的一种交往形式，表现为教师对学生的喜爱、友好、宽容与理解。教师作为"朋友"，并不是完整意义上的私人朋友，而是一种制度化的支配和从属关系，是以公务情感为基础的朋友。因此，教师不能过于热情地扮演朋友的角色，更不能为了取得学生的支持而无原则地迁就学生，如对学生的过失采取容忍和不批评的态度等。教师作为学生的"朋友"，不能忘了自己教师的身份。

五、"父母"角色

学生离开父母来到学校以后，自然地会把"家长"的一些特征迁移到教师身上，如请教师帮助出主意。教师是绝对的权威，只要教师说的都是对的。

教师要勇于承担起学生"父母"的角色，如帮助学生判断哪些行为是对的、哪些行为是错的等，要给学生真诚的、无私的爱，不仅要满足学生对知识的需求，还应当以爱抚、温存、体贴来满足学生心理上的需求。

但是，教师毕竟不是学生真正的父母，教师在对学生进行关怀、爱护的同时，不能放弃严格要求。这就要求教师既要扮演温暖与关怀的父母的角色，又要坚持严格要求的教师角色。

在学习一种新的语言时，不是所有学生都能很快适应它的语言体系和学习方法，有的学生学了一段时间以后，可能学习热情会减退，甚至放弃学习。教师要及时把握学生的学习心理，帮助学生树立学习新语言的信心。首先，教师要从自身的讲解中让学生体会到新语言并不难学；其次，要对不同的学生给予不同的适当期待，让他们感受成功、感受快乐；第三，要为学生营造一个宽松、愉悦的学习环境；第四，要帮助学生认识到学好新语言的意义。

人们常说，身教胜于言教。教师是教育人的人，要成为学生的榜样。教师应该意识到自己的这种作用，要注意自己的一言一行，成为学生的表率。孔子曰："其身正，不令而行；其身不正，虽令不从。"作为学生的榜样，教师要成为一个自尊自爱、宽厚坚韧、乐观向上的人。

每位教师都希望自己受学生欢迎，这就要求教师正确分析和评价自己的角色，不断地调整自己的角色行为，以适应教学的发展需要。教师要积极学习，善于总结经验，熟练运用各种技能，调动各种情感，成为一个成功的教师。

参 考 文 献

[1] 安玉香，刘文惠，胥秋菊，等.汉语教学的多角度研究[M].北京：中国书籍出版社，2014.

[2] 白玉寒.跨文化视角下的对外汉语教学研究[M].北京：中国水利水电出版社，2017.

[3] 陈昌来.对外汉语教学概论[M].上海：复旦大学出版社，2005.

[4] 陈昌来.应用语言学导论[M].北京：商务印书馆，2007.

[5] 程翠翠，赵昭.融入现代教育技术的对外汉语教学研究[M].北京：九州出版社，2020.

[6] 胡晓晏.基于跨文化适应性的对外汉语教学研究[M].长春：吉林人民出版社，2020.

[7] 姜丽萍.对外汉语教学论[M].北京：北京语言大学出版社，2008.

[8] 姜丽萍.汉语作为第二语言课堂教学[M].北京：北京大学出版社，2011.

[9] 乐守红.中国传统文化传播与对外汉语教学[M].长春：吉林人民出版社，2019.

[10] 李明.微课在对外汉语教学中的应用[J].现代语文，2017（4）：6-8.

[11] 李泉.对外汉语教学理论思考[M].北京：教育科学出版社，2005.

[12] 李泉.对外汉语教学思考集[M].北京：北京语言大学出版社，2017.

[13] 李泉.对外汉语教学学科理论研究[M].北京：商务印书馆，2006.

[14] 李泉作，赵金铭.对外汉语教学理论研究[M].北京：商务印书馆，2006.

[15] 刘丽萍，许舒宁.翻转课堂在对外汉语教学中的应用研究[J].教育现代化，2020（48）：89-92.

[16] 吕必松.对外汉语教学发展概要[M].北京：北京语言大学出版社，1990.

[17] 吕必松.对外汉语教学发展史 上（上编）.[M].北京：北京语言大学出版社，2017.

[18] 孙月红.认知与运用：跨文化视角下的对外汉语教学探析[M].北京：中国原子能出版社，2020.

[19] 唐智芳.文化视域下的对外汉语教学研究[M].长沙：湖南师范大学出版社，2014.

[20] 王惠莲.对外汉语教学方法与教学模式的创新实践[M].长春：东北师范大学出版社，2020.

[21] 徐正龙.对外汉语教学理论与语言学应试指南[M].南京：东南大学出版社，2005.

[22] 徐子亮，吴仁甫.实用对外汉语教学法[M].3版.北京：北京大学出版社，2013.

[23] 徐子亮，吴仁甫.实用对外汉语教学法[M].北京：北京大学出版社，2005.

[24] 杨立华，陈大远.对外汉语课程与教学研究[M].北京：九州出版社，2016.

[25] 杨勇萍.跨文化交际与英语文化教学[M].太原：山西人民出版社，2012.

[26] 张宁.语用视角下的对外汉语应用研究[M].北京：中国纺织出版社，2017.

[27] 赵贤州，陆有仪.对外汉语教学通论[M].上海：上海外语教育出版社，1996.

[28] 周小兵.对外汉语教学导论[M].北京：商务印书馆，2009.

[29] 周小兵.对外汉语教学入门[M].广州：中山大学出版社，2009.

[30] 祝志春，康建军，苗林.优秀传统文化传承与对外汉语教学[M].长春：吉林出版集团股份有限公司，2020.